Saveurs Thaïlandaises en Ébullition

Un Festin pour les Sens

Élise Dupont

contenu

Crevettes sauce litchi *10*
Crevettes cuites à la mandarine *11*
Crevettes au mange-tout *12*
Crevettes aux champignons chinois *13*
Crevettes et petits pois sautés *14*
Crevettes au chutney de mangue *15*
Quenelles de crevettes frites avec sauce à l'oignon *17*
Crevettes mandarines aux petits pois *18*
Crevettes de Pékin *19*
Crevettes aux poivrons *20*
Crevettes frites au porc *21*
Crevettes géantes frites avec sauce au xérès *22*
Crevettes cuites au sésame *23*
Crevettes Huilées Dans Leur Carapace *24*
Crevette frite *25*
Tempura de crevettes *26*
Gencive *27*
Crevettes au tofu *28*
Crevettes aux tomates *29*
Crevettes à la sauce tomate *30*
Crevettes à la sauce tomate et chili *31*
Crevettes sautées à la sauce tomate *32*
Crevettes aux Légumes *33*
Crevettes aux châtaignes d'eau *34*
raviolis aux crevettes *35*
Ormeau au poulet *36*
Ormeau aux asperges *38*
Ormeau aux champignons *39*
Ormeau à la sauce d'huître *40*
palourdes cuites à la vapeur *41*
Coquilles Saint-Jacques aux germes de soja *41*
Coquilles Saint-Jacques au gingembre et à l'ail *43*

pétoncles sautés 44
beignets de crabe 45
Crème de crabe 46
Chair de crabe aux feuilles chinoises 47
Crabe Foo Yung aux germes de soja 48
crabe au gingembre 49
Lo Mein au crabe 50
Crabe frit au porc 51
Chair de crabe frite 52
Boulettes de seiche frites 53
Homard cantonais 54
homard frit 55
Homard cuit à la vapeur avec du jambon 56
Homard aux champignons 57
Queues de homard au porc 58
Homard frit 59
nids de homard 61
Moules à la sauce aux haricots noirs 62
Moules au gingembre 63
moules cuites à la vapeur 64
huîtres frites 65
huîtres au bacon 66
Huîtres frites au gingembre 67
Huîtres à la sauce aux haricots noirs 68
Palourdes aux pousses de bambou 69
Pétoncles à l'Oeuf 70
pétoncles au brocoli 71
Coquilles Saint-Jacques au gingembre 73
Coquilles Saint-Jacques au jambon 74
Coquilles Saint-Jacques brouillées aux herbes 75
Pétoncles et oignons sautés 76
Coquilles Saint-Jacques aux légumes 77
palourdes aux poivrons 78
Calamars aux germes de soja 79
Calamar frit 80
paquets de calmars 81

Rouleaux de calamars frits *83*
Calmars frits *84*
Calamars aux champignons séchés *85*
calamars aux légumes *86*
Ragoût de boeuf à l'anis *87*
Veau aux asperges *88*
Boeuf aux pousses de bambou *89*
Boeuf aux pousses de bambou et champignons *90*
Bœuf bouilli chinois *91*
Boeuf aux germes de soja *92*
Bœuf avec brocoli *94*
Viande de sésame au brocoli *95*
Bœuf grillé *97*
boeuf cantonais *98*
Boeuf aux carottes *99*
Bœuf aux noix de cajou *100*
cocotte de viande lente *101*
Veau au chou-fleur *102*
Boeuf au céleri *103*
Morceaux de boeuf sautés au céleri *104*
Bœuf effiloché au poulet et céleri *105*
boeuf assaisonné *106*
Boeuf au chou chinois *108*
Côtelette de bœuf Suey *109*
boeuf aux concombres *111*
plat de boeuf *112*
steak de concombre *113*
Curry de bœuf au four *114*
ormeau mariné *116*
Compote de pousses de bambou *117*
bébés concombres *118*
Poulet au sésame *119*
Litchis au gingembre *120*
Ailes de poulet cuites en rouge *121*
Chair de crabe au concombre *122*
Champignons marinés *123*

Champignons à l'ail mariné *124*
Crevettes et chou-fleur *125*
Bâtonnets de jambon au sésame *126*
tofu froid *127*
poulet au bacon *128*
Frites de poulet et banane *130*
Poulet au gingembre et champignons *131*
poulet et jambon *133*
Foies de poulet grillés *134*
Quenelles de crabe aux châtaignes d'eau *135*
dim sum *136*
Rouleaux de jambon et de poulet *137*
Petits pains au four avec du jambon *139*
Poisson pseudo-fumé *140*
Champignons farcis *142*
Champignons à la sauce d'huîtres *143*
Rouleaux de porc et laitue *144*
Boulettes de porc et châtaignes *146*
Dumplings au porc *147*
Boulettes de porc et de bœuf *148*
Crevette papillon *149*
Crevettes chinoises *150*
Craquelins aux crevettes *151*
Crevettes croustillantes *152*
Crevettes sauce gingembre *153*
Rouleaux de crevettes et de nouilles *154*
Toast aux crevettes *156*
Wontons de porc et de crevettes avec sauce aigre *157*
Soupe au poulet *159*
Soupe au porc et aux germes de soja *160*
Soupe d'ormeaux et de champignons *161*
Soupe au poulet et asperges *163*
soupe de boeuf *164*
Soupe chinoise au bœuf et aux feuilles *165*
Soupe aux choux *166*
soupe de viande épicée *167*

soupe céleste	169
Soupe au poulet et pousses de bambou	170
Soupe au poulet et au maïs	171
Soupe au poulet et au gingembre	172
Soupe chinoise au poulet et aux champignons	173
Soupe au poulet et riz	174
Soupe au poulet et à la noix de coco	175
Chaudrée de palourdes	176
soupe aux œufs	177
Chaudrée de crabe et de palourdes	178
soupe de crabe	180
Soupe de poisson	181
Soupe de poisson et salade verte	182
Soupe de gingembre aux boulettes de viande	184
soupe aigre-piquante	185
Soupe aux champignons	186
Soupe aux champignons et aux choux	187
Soupe aux œufs et aux champignons	188
Soupe de marrons aux champignons et eau	189
Soupe de porc et champignons	190
Soupe de porc et cresson	191
Soupe de porc et concombre	192
Soupe aux boulettes de viande et aux nouilles	193
Soupe aux épinards et au tofu	194
Soupe sucrée au maïs et au crabe	195
soupe sichuanaise	196
soupe au tofu	198
Soupe de tofu et poisson	199
Soupe à la tomate	200
Soupe de tomates et épinards	201
soupe de navet	202
Soupe aux légumes	203
soupe végétarienne	204
soupe de cresson	205
Poisson frit aux légumes	206
Poisson entier cuit	208

Poisson de soja bouilli.. *209*
Poisson de soja à la sauce d'huîtres *211*
bar cuit à la vapeur... *213*
Poisson bouilli aux champignons *214*
Poisson aigre-doux *216*
Poisson farci au porc *218*
carpe bouillie assaisonnée... *220*
Veau à la sauce d'huîtres *222*

Crevettes sauce litchi

pour 4 personnes

50 g/2 oz/¬Ω tasse individuelle (tout usage)

farine

2,5 ml/¬Ω cc de sel

1 œuf légèrement battu

30 ml/2 cuillères à soupe d'eau

450 g de crevettes décortiquées

huile de friture

30 ml/2 cuillères à soupe d'huile d'arachide (cacahuètes)

2 tranches de racine de gingembre, hachées

30 ml/2 cuillères à soupe de vinaigre de vin

5 ml/1 cuillère à café de sucre

2,5 ml/¬Ω cc de sel

15 ml/1 cuillère à soupe de sauce soja

7 oz/200 g de litchis en conserve, égouttés

Mélangez la farine, le sel, l'œuf et l'eau pour obtenir une pâte, en ajoutant un peu d'eau si nécessaire. Mélanger avec les crevettes jusqu'à ce qu'elles soient bien enrobées. Faites chauffer l'huile et faites frire les crevettes pendant quelques minutes jusqu'à ce qu'elles soient dorées et croustillantes. Égoutter sur une serviette en papier et déposer sur une assiette de service chaude. Pendant ce temps, faites chauffer l'huile et faites revenir le gingembre pendant 1 minute. Ajoutez le vinaigre de vin, le sucre, le sel et la sauce soja. Ajouter le litchi et remuer jusqu'à ce qu'il soit chaud et enrobé de sauce. Verser sur les crevettes et servir immédiatement.

Crevettes cuites à la mandarine

pour 4 personnes
60 ml/4 cuillères à soupe d'huile d'arachide
1 gousse d'ail, écrasée
1 tranche de racine de gingembre, hachée
450 g de crevettes décortiquées
30 ml/2 cuillères à soupe de vin de riz ou de xérès sec 30 ml/2 cuillères à soupe de sauce soja
15 ml/1 cuillère à soupe de farine de maïs (amidon de maïs)
45 ml/3 cuillères à soupe d'eau

Faites chauffer l'huile et faites revenir l'ail et le gingembre jusqu'à ce qu'ils soient légèrement dorés. Ajouter les crevettes et cuire 1 minute. Ajoutez le vin ou le sherry et mélangez bien. Ajouter la sauce soja, la semoule de maïs et l'eau et laisser mijoter 2 minutes.

Crevettes au mange-tout

pour 4 personnes

5 champignons chinois séchés
8 oz/225 g de germes de soja
60 ml/4 cuillères à soupe d'huile d'arachide
5 ml/1 cuillère à café de sel
2 branches de céleri, hachées
4 oignons verts (oignons), hachés
2 gousses d'ail, hachées
2 tranches de racine de gingembre, hachées
60 ml/4 cuillères à soupe d'eau
15 ml/1 cuillère à soupe de sauce soja
15 ml / 1 cuillère à soupe de vin de riz ou de xérès sec
8 oz/225 g de pois mange-tout
8 oz/225 g de crevettes décortiquées
15 ml/1 cuillère à soupe de farine de maïs (amidon de maïs)

Faites tremper les champignons dans de l'eau tiède pendant 30 minutes, puis égouttez-les. Jetez les tiges et coupez les sommets. Blanchir les germes de soja dans l'eau bouillante pendant 5 minutes et bien les égoutter. Faites chauffer la moitié de l'huile et faites revenir le sel, le céleri, l'oignon vert et les germes de soja pendant 1 minute, puis retirez-les de la poêle. Faites chauffer le reste de l'huile et faites revenir l'ail et le gingembre jusqu'à ce qu'ils soient légèrement dorés. Ajouter la moitié de l'eau, la sauce soja, le vin ou le xérès, les pois mange-tout et les crevettes, porter à ébullition et laisser mijoter 3 minutes. Mélangez la semoule de maïs et le reste de l'eau pour obtenir une pâte, mélangez dans une casserole et faites cuire en remuant jusqu'à ce que la sauce épaississe. Remettez les légumes dans la poêle et faites-les cuire jusqu'à ce qu'ils soient bien chauds. Sers immédiatement.

Crevettes aux champignons chinois

pour 4 personnes

8 champignons chinois séchés
45 ml/3 cuillères à soupe d'huile d'arachide
3 tranches de racine de gingembre hachées

450 g de crevettes décortiquées
15 ml/1 cuillère à soupe de sauce soja
5 ml/1 cuillère à café de sel
60 ml/4 cuillères à soupe de bouillon de poisson

Faites tremper les champignons dans de l'eau tiède pendant 30 minutes, puis égouttez-les. Jetez les tiges et coupez les sommets. Faites chauffer la moitié de l'huile et faites revenir le gingembre jusqu'à ce qu'il devienne légèrement doré. Ajouter les crevettes, la sauce soja et le sel et cuire jusqu'à ce qu'elles soient recouvertes d'huile, puis retirer de la poêle. Faites chauffer le reste de l'huile et faites revenir les champignons jusqu'à ce qu'ils soient recouverts d'huile. Ajouter le bouillon, porter à ébullition, couvrir et laisser mijoter 3 minutes. Remettez les crevettes dans la poêle et remuez jusqu'à ce qu'elles soient bien chaudes.

Crevettes et petits pois sautés

pour 4 personnes
450 g de crevettes décortiquées
5 ml/1 cuillère à café d'huile de sésame
5 ml/1 cuillère à café de sel

30 ml/2 cuillères à soupe d'huile d'arachide (cacahuètes)
1 gousse d'ail, écrasée
1 tranche de racine de gingembre, hachée
8 oz/225 g de petits pois blancs ou surgelés, décongelés
4 oignons verts (oignons), hachés
30 ml/2 cuillères à soupe d'eau
sel et poivre

Mélangez les crevettes avec l'huile de sésame et le sel. Faites chauffer l'huile et faites revenir l'ail et le gingembre pendant 1 minute. Ajoutez les crevettes et faites revenir 2 minutes. Ajouter les petits pois et cuire 1 minute. Ajouter la ciboulette et l'eau et assaisonner avec du sel, du poivre et un peu d'huile de sésame, si désiré. Chauffer en remuant soigneusement avant de servir.

Crevettes au chutney de mangue

pour 4 personnes
12 crevettes
sel et poivre
le jus d'1 citron
30 ml/2 cuillères à soupe de farine de maïs (amidon de maïs)

1 poignée

5 ml/1 cuillère à café de moutarde en poudre

5 ml/1 cuillère à café de miel

30 ml/2 cuillères à soupe de crème de coco

30 ml/2 cuillères à soupe de poudre de curry doux

120 ml/4 fl oz/¬Ω tasse de bouillon de poulet

45 ml/3 cuillères à soupe d'huile d'arachide

2 gousses d'ail, hachées

2 oignons verts (oignons), hachés

1 bulbe de fenouil haché

100 g de chutney de mangue

Épluchez les crevettes en laissant les queues intactes. Saupoudrez de sel, de poivre et de jus de citron, puis recouvrez de la moitié de la crème. Épluchez la mangue, retirez la pulpe de l'os et coupez la pulpe en cubes. Mélanger la moutarde, le miel, la crème de coco, la poudre de curry, le reste de la semoule de maïs et le bouillon. Faites chauffer la moitié de l'huile et faites revenir l'ail, la ciboulette et le fenouil pendant 2 minutes. Ajouter le mélange de bouillon, porter à ébullition et laisser mijoter 1 minute. Ajouter les cubes de mangue et la sauce piquante et faire chauffer doucement, puis transférer dans une assiette de service chaude. Faites chauffer le reste de l'huile et faites revenir les crevettes pendant 2 minutes. Disposez-les sur les légumes et servez aussitôt.

Quenelles de crevettes frites avec sauce à l'oignon

pour 4 personnes

3 œufs légèrement battus

3 cuillères à soupe/45 ml de farine nature (tout usage)

sel et poivre fraîchement moulu

450 g de crevettes décortiquées

huile de friture

15 ml/1 cuillère à soupe d'huile d'arachide

2 oignons, hachés

15 ml/1 cuillère à soupe de farine de maïs (amidon de maïs)

30 ml/2 cuillères à soupe de sauce soja

6 fl oz/¬œ tasse d'eau

Mélangez les œufs, la farine, le sel et le poivre. Versez les crevettes dans la pâte. Faites chauffer l'huile et faites frire les crevettes jusqu'à ce qu'elles soient dorées. Pendant ce temps, faites chauffer l'huile et faites revenir l'oignon pendant 1 minute. Mélanger le reste des ingrédients jusqu'à formation d'une pâte, ajouter l'oignon et cuire en remuant jusqu'à ce que la sauce épaississe. Égoutter les crevettes et les déposer sur un plat de service chaud. Arrosez de sauce et servez aussitôt.

Crevettes mandarines aux petits pois

pour 4 personnes

60 ml/4 cuillères à soupe d'huile d'arachide
1 gousse d'ail, hachée
1 tranche de racine de gingembre, hachée
450 g de crevettes décortiquées
30 ml/2 cuillères à soupe de vin de riz ou de xérès sec
8 oz/225 g de petits pois surgelés, décongelés
30 ml/2 cuillères à soupe de sauce soja
15 ml/1 cuillère à soupe de farine de maïs (amidon de maïs)
45 ml/3 cuillères à soupe d'eau

Faites chauffer l'huile et faites revenir l'ail et le gingembre jusqu'à ce qu'ils soient légèrement dorés. Ajouter les crevettes et cuire 1 minute. Ajoutez le vin ou le sherry et mélangez bien. Ajoutez les petits pois et laissez cuire 5 minutes. Ajoutez le reste des ingrédients et faites revenir 2 minutes.

Crevettes de Pékin

pour 4 personnes

30 ml/2 cuillères à soupe d'huile d'arachide (cacahuètes)
2 gousses d'ail, hachées
1 tranche de racine de gingembre, hachée finement
8 oz/225 g de crevettes décortiquées
4 oignons nouveaux (oignons verts), coupés en tranches épaisses
120 ml/4 fl oz/¬Ω tasse de bouillon de poulet
5 ml/1 cuillère à café de cassonade
5 ml/1 cuillère à café de sauce soja
5 ml/1 cuillère à café de sauce hoisin
5 ml/1 cuillère à café de sauce Tabasco

Faites chauffer l'huile avec l'ail et le gingembre et faites-les revenir jusqu'à ce que l'ail soit légèrement doré. Ajouter les crevettes et cuire 1 minute. Ajoutez la ciboulette et faites revenir 1 minute. Ajouter le reste des ingrédients, porter à ébullition, couvrir et laisser cuire 4 minutes en remuant de temps en temps. Vérifiez l'assaisonnement et ajoutez un peu de sauce tabasco si vous le souhaitez.

Crevettes aux poivrons

pour 4 personnes

30 ml/2 cuillères à soupe d'huile d'arachide (cacahuètes)
1 poivron vert, coupé en morceaux
450 g de crevettes décortiquées
10 ml/2 cuillères à café de semoule de maïs (amidon de maïs)
60 ml/4 cuillères à soupe d'eau
5 ml/1 cuillère à café de vin de riz ou de xérès sec
2,5 ml/½ cc de sel
45 ml/2 cuillères à soupe de purée de tomates (pâte)

Faites chauffer l'huile et faites revenir le poivron pendant 2 minutes. Ajouter les crevettes et la purée de tomates et bien mélanger. Mélangez la fécule de maïs, le vin ou le xérès et le sel pour obtenir une pâte, mélangez dans la casserole et faites cuire en remuant jusqu'à ce que la sauce s'éclaircisse et épaississe.

Crevettes frites au porc

pour 4 personnes

8 oz/225 g de crevettes décortiquées
4 oz/100 g de porc maigre, râpé
60 ml/4 cuillères à soupe de vin de riz ou de xérès sec
1 blanc d'oeuf
45 ml/3 cuillères à soupe de farine de maïs (amidon de maïs)
5 ml/1 cuillère à café de sel
15 ml/1 cuillère à soupe d'eau (facultatif)
90 ml/6 cuillères à soupe d'huile d'arachide (cacahuètes)
45 ml/3 cuillères à soupe de bouillon de poisson
5 ml/1 cuillère à café d'huile de sésame

Placer les crevettes et le porc dans des bols séparés. Mélangez 3 cuillères à soupe/45 ml de vin ou de xérès, du blanc d'œuf, 2 cuillères à soupe/30 ml de maïzena et du sel pour obtenir une pâte lâche, en ajoutant de l'eau si nécessaire. Répartir le mélange entre le porc et les crevettes et bien mélanger pour enrober. Faites chauffer l'huile et faites revenir le porc et les crevettes pendant quelques minutes jusqu'à ce qu'ils soient dorés. Retirer de la poêle et verser tout sauf 15 ml/1 cuillère à soupe d'huile. Ajoutez le bouillon dans la poêle avec le reste du vin ou du sherry et la semoule de maïs. Porter à ébullition et cuire en remuant jusqu'à ce que la sauce épaississe. Verser sur les crevettes et le porc et servir arrosé d'huile de sésame.

Crevettes géantes frites avec sauce au xérès

pour 4 personnes

50 g/2 oz/¬Ω tasse de farine nature (tout usage)

2,5 ml/¬Ω cc de sel

1 œuf légèrement battu

30 ml/2 cuillères à soupe d'eau

450 g de crevettes décortiquées

huile de friture

15 ml/1 cuillère à soupe d'huile d'arachide

1 oignon, finement haché

45 ml/3 cuillères à soupe de vin de riz ou de xérès sec

15 ml/1 cuillère à soupe de sauce soja

120 ml/4 fl oz/¬Ω tasse de bouillon de poisson

10 ml/2 cuillères à café de semoule de maïs (amidon de maïs)

30 ml/2 cuillères à soupe d'eau

Mélangez la farine, le sel, l'œuf et l'eau pour obtenir une pâte, en ajoutant un peu d'eau si nécessaire. Mélanger avec les crevettes jusqu'à ce qu'elles soient bien enrobées. Faites chauffer l'huile et faites frire les crevettes pendant quelques minutes jusqu'à ce qu'elles soient dorées et croustillantes. Égoutter sur une serviette en papier et placer dans un bol de service chaud. Pendant ce temps, faites chauffer l'huile et faites revenir l'oignon jusqu'à ce qu'il soit tendre. Ajouter le vin ou le xérès, la sauce soja et le bouillon, porter à ébullition et laisser mijoter 4 minutes. Mélangez la semoule de maïs et l'eau pour obtenir une pâte, mélangez dans une casserole et faites cuire en remuant jusqu'à ce que la sauce s'éclaircisse et épaississe.

Crevettes cuites au sésame

pour 4 personnes

450 g de crevettes décortiquées

¬Ω blanc d'oeuf

5 ml/1 cuillère à café de sauce soja

5 ml/1 cuillère à café d'huile de sésame

50 g/2 oz/¬Ω tasse de semoule de maïs (amidon de maïs)

sel et poivre blanc fraîchement moulu

huile de friture

60 ml/4 cuillères à soupe de graines de sésame
feuilles de salade verte

Mélangez les crevettes avec le blanc d'œuf, la sauce soja, l'huile de sésame, la fécule de maïs, le sel et le poivre. Ajoutez un peu d'eau si le mélange est trop épais. Faites chauffer l'huile et faites frire les crevettes pendant quelques minutes jusqu'à ce qu'elles soient légèrement dorées. Pendant ce temps, faites griller brièvement les graines de sésame dans une poêle sèche jusqu'à ce qu'elles soient dorées. Égoutter les crevettes et mélanger avec les graines de sésame. Il est servi sur un lit de salade verte.

Crevettes Huilées Dans Leur Carapace

pour 4 personnes
60 ml/4 cuillères à soupe d'huile d'arachide
750 g/1¬Ω lb de crevettes décortiquées
3 oignons verts (oignons), hachés
3 tranches de racine de gingembre hachées
2,5 ml/¬Ω cc de sel
15 ml / 1 cuillère à soupe de vin de riz ou de xérès sec
120 ml/4 fl oz/¬Ω tasse de ketchup

15 ml/1 cuillère à soupe de sauce soja
15 ml/1 cuillère de sucre
15 ml/1 cuillère à soupe de farine de maïs (amidon de maïs)
60 ml/4 cuillères à soupe d'eau

Faites chauffer l'huile et faites revenir les crevettes pendant 1 minute si elles sont cuites ou jusqu'à ce qu'elles soient roses si elles ne sont pas cuites. Ajoutez la ciboulette, le gingembre, le sel et le vin ou le xérès et faites sauter pendant 1 minute. Ajoutez la sauce tomate, la sauce soja et le sucre et laissez mijoter 1 minute. Mélanger la semoule de maïs et l'eau, mélanger dans une casserole et cuire en remuant jusqu'à ce que la sauce s'éclaircisse et épaississe.

Crevette frite

pour 4 personnes

75 g/3 oz/ ¬° tasse de semoule de maïs ronde (amidon de maïs)
1 blanc d'oeuf
5 ml/1 cuillère à café de vin de riz ou de xérès sec
sel
12 oz/350 g de crevettes décortiquées

huile de friture

Mélangez la semoule de maïs, le blanc d'œuf, le vin ou le xérès et une pincée de sel pour obtenir une pâte épaisse. Tremper les crevettes dans la pâte jusqu'à ce qu'elles soient bien enrobées. Faites chauffer l'huile à température modérée et faites frire les crevettes pendant quelques minutes jusqu'à ce qu'elles soient dorées. Retirer de l'huile, réchauffer jusqu'à ce qu'ils soient chauds, puis saisir les crevettes jusqu'à ce qu'elles soient croustillantes et dorées.

Tempura de crevettes

pour 4 personnes

450 g de crevettes décortiquées

2 cuillères à soupe/30 ml de farine nature (tout usage)

30 ml/2 cuillères à soupe de farine de maïs (amidon de maïs)

30 ml/2 cuillères à soupe d'eau

2 oeufs battus

huile de friture

Coupez la crevette au milieu de la courbe intérieure et ouvrez-la pour former un papillon. Mélangez la farine, l'huile et l'eau jusqu'à obtenir une pâte, puis ajoutez les œufs. Faites chauffer l'huile et faites frire les crevettes jusqu'à ce qu'elles soient dorées.

Gencive

pour 4 personnes

30 ml/2 cuillères à soupe d'huile d'arachide (cacahuètes)
2 oignons verts (oignons), hachés
1 gousse d'ail, écrasée
1 tranche de racine de gingembre, hachée
100 g de poitrine de poulet, coupée en lanières
4 oz/100 g de jambon, tranché
4 oz/100 g de pousses de bambou, coupées en lanières
100 g de châtaignes d'eau coupées en lamelles
8 oz/225 g de crevettes décortiquées
30 ml/2 cuillères à soupe de sauce soja
30 ml/2 cuillères à soupe de vin de riz ou de xérès sec
5 ml/1 cuillère à café de sel
5 ml/1 cuillère à café de sucre
5 ml/1 cuillère à café de farine de maïs (amidon de maïs)

Faites chauffer l'huile et faites revenir les oignons nouveaux, l'ail et le gingembre jusqu'à ce qu'ils soient légèrement dorés. Ajouter le poulet et faire revenir 1 minute. Ajoutez le jambon, les pousses de bambou et les châtaignes d'eau et faites revenir 3 minutes. Ajouter les crevettes et cuire 1 minute. Ajouter la sauce soja, le vin ou le xérès, le sel et le sucre et faire sauter pendant 2 minutes. Mélangez la semoule de maïs avec un peu d'eau, versez dans la casserole et faites cuire à feu doux en remuant pendant 2 minutes.

Crevettes au tofu

pour 4 personnes
45 ml/3 cuillères à soupe d'huile d'arachide
8 oz/225 g de tofu, coupé en dés
1 oignon nouveau (oignon vert), haché
1 gousse d'ail, écrasée
15 ml/1 cuillère à soupe de sauce soja
5 ml/1 cuillère à café de sucre
90 ml/6 cuillères à soupe de bouillon de poisson
8 oz/225 g de crevettes décortiquées
15 ml/1 cuillère à soupe de farine de maïs (amidon de maïs)
45 ml/3 cuillères à soupe d'eau

Faites chauffer la moitié de l'huile et faites frire le tofu jusqu'à ce qu'il soit légèrement doré, puis retirez-le de la poêle. Faites chauffer le reste de l'huile et faites revenir la ciboulette et l'ail jusqu'à ce qu'ils soient légèrement dorés. Ajouter la sauce soja, le sucre et le bouillon et porter à ébullition. Ajoutez les crevettes et faites sauter à feu doux pendant 3 minutes. Mélangez la semoule de maïs et l'eau pour obtenir une pâte, mélangez dans une casserole et faites cuire en remuant jusqu'à ce que la sauce épaississe. Remettez le tofu dans la poêle et laissez mijoter jusqu'à ce qu'il soit bien chaud.

Crevettes aux tomates

pour 4 personnes

2 blancs d'œufs

30 ml/2 cuillères à soupe de farine de maïs (amidon de maïs)

5 ml/1 cuillère à café de sel

450 g de crevettes décortiquées

huile de friture

30 ml/2 cuillères à soupe de vin de riz ou de xérès sec

8 oz/225 g de tomates pelées, épépinées et hachées

Mélangez les blancs d'œufs, la semoule de maïs et le sel. Ajouter les crevettes jusqu'à ce qu'elles soient bien enrobées. Faites chauffer l'huile et faites frire les crevettes jusqu'à ce qu'elles soient cuites. Retirez tout sauf 15 ml/1 cuillère à soupe d'huile et réchauffez. Ajouter le vin ou le xérès et les tomates et porter à ébullition. Ajouter les crevettes et réchauffer rapidement avant de servir.

Crevettes à la sauce tomate

pour 4 personnes

30 ml/2 cuillères à soupe d'huile d'arachide (cacahuètes)
1 gousse d'ail, écrasée
2 tranches de racine de gingembre, hachées
2,5 ml/¬Ω cc de sel
15 ml / 1 cuillère à soupe de vin de riz ou de xérès sec
15 ml/1 cuillère à soupe de sauce soja
6 ml/4 cuillères à soupe de sauce tomate (ketchup)
120 ml/4 fl oz/¬Ω tasse de bouillon de poisson
12 oz/350 g de crevettes décortiquées
10 ml/2 cuillères à café de semoule de maïs (amidon de maïs)
30 ml/2 cuillères à soupe d'eau

Faites chauffer l'huile et faites revenir l'ail, le gingembre et le sel pendant 2 minutes. Ajouter le vin ou le xérès, la sauce soja, la sauce tomate et le bouillon et porter à ébullition. Ajoutez les crevettes, couvrez et laissez cuire 2 minutes. Mélangez la semoule de maïs et l'eau pour obtenir une pâte, mélangez dans une casserole et faites cuire en remuant jusqu'à ce que la sauce s'éclaircisse et épaississe.

Crevettes à la sauce tomate et chili

pour 4 personnes

60 ml/4 cuillères à soupe d'huile d'arachide
15 ml/1 cuillère à soupe de gingembre haché
15 ml/1 cuillère à soupe d'ail émincé
15 ml / 1 cuillère à soupe d'oignon nouveau haché
60 ml/4 cuillères à soupe de purée de tomates (pâte)
15 ml/1 cuillère à soupe de sauce piquante
450 g de crevettes décortiquées
15 ml/1 cuillère à soupe de farine de maïs (amidon de maïs)
15 ml/1 cuillère à soupe d'eau

Faites chauffer l'huile et faites revenir le gingembre, l'ail et les oignons nouveaux pendant 1 minute. Ajouter la purée de tomates et la sauce piquante et bien mélanger. Ajoutez les crevettes et faites revenir 2 minutes. Mélangez la semoule de maïs et l'eau pour obtenir une pâte, mélangez-la dans la poêle et faites cuire jusqu'à ce que la sauce épaississe. Sers immédiatement.

Crevettes sautées à la sauce tomate

pour 4 personnes

50 g/2 oz/¬Ω tasse de farine nature (tout usage)

2,5 ml/¬Ω cc de sel

1 œuf légèrement battu

30 ml/2 cuillères à soupe d'eau

450 g de crevettes décortiquées

huile de friture

30 ml/2 cuillères à soupe d'huile d'arachide (cacahuètes)

1 oignon, finement haché

2 tranches de racine de gingembre, hachées

75 ml/5 cuillères à soupe de sauce tomate (ketchup)

10 ml/2 cuillères à café de semoule de maïs (amidon de maïs)

30 ml/2 cuillères à soupe d'eau

Mélangez la farine, le sel, l'œuf et l'eau pour obtenir une pâte, en ajoutant un peu d'eau si nécessaire. Mélanger avec les crevettes jusqu'à ce qu'elles soient bien enrobées. Faites chauffer l'huile et faites frire les crevettes pendant quelques minutes jusqu'à ce qu'elles soient dorées et croustillantes. Égoutter sur du papier absorbant.

Pendant ce temps, faites chauffer l'huile et faites revenir l'oignon et le gingembre jusqu'à ce qu'ils soient tendres. Ajouter la sauce tomate et cuire 3 minutes. Mélangez la semoule de maïs et l'eau pour obtenir une pâte, mélangez dans une casserole et faites cuire en remuant jusqu'à ce que la sauce épaississe. Ajouter les crevettes dans la poêle et cuire jusqu'à ce qu'elles soient bien chaudes. Sers immédiatement.

Crevettes aux Légumes

pour 4 personnes
15 ml/1 cuillère à soupe d'huile d'arachide
8 oz/225 g de fleurons de brocoli

8 oz/225 g de champignons

8 oz/225 g de pousses de bambou, tranchées

450 g de crevettes décortiquées

120 ml/4 fl oz/½ tasse de bouillon de poulet

5 ml/1 cuillère à café de farine de maïs (amidon de maïs)

5 ml/1 cuillère à café de sauce aux huîtres

2,5 ml/½ cuillère à café de sucre

2,5 ml/½ C. racine de gingembre râpée

poudre de poivre fraîchement moulu

Faites chauffer l'huile et faites revenir le brocoli pendant 1 minute. Ajoutez les champignons et les pousses de bambou et faites revenir 2 minutes. Ajoutez les crevettes et faites revenir 2 minutes. Mélanger le reste des ingrédients et incorporer au mélange de crevettes. Porter à ébullition en remuant, puis cuire 1 minute en remuant constamment.

Crevettes aux châtaignes d'eau

pour 4 personnes

60 ml/4 cuillères à soupe d'huile d'arachide

1 gousse d'ail, hachée

1 tranche de racine de gingembre, hachée

450 g de crevettes décortiquées

2 cuillères à soupe/30 ml de vin de riz ou de xérès sec 8 oz/225 g de châtaignes d'eau tranchées

30 ml/2 cuillères à soupe de sauce soja

15 ml/1 cuillère à soupe de farine de maïs (amidon de maïs)

45 ml/3 cuillères à soupe d'eau

Faites chauffer l'huile et faites revenir l'ail et le gingembre jusqu'à ce qu'ils soient légèrement dorés. Ajouter les crevettes et cuire 1 minute. Ajoutez le vin ou le sherry et mélangez bien. Ajoutez les châtaignes d'eau et laissez mijoter 5 minutes. Ajoutez le reste des ingrédients et faites revenir 2 minutes.

ravioli aux crevettes

pour 4 personnes

1 lb/450 g de crevettes, pelées et tranchées

8 oz/225 g de légumes mélangés, hachés
15 ml/1 cuillère à soupe de sauce soja
2,5 ml/¬Ω cc de sel
quelques gouttes d'huile de sésame
40 peaux de wonton
huile de friture

Mélanger les crevettes, les légumes, la sauce soja, le sel et l'huile de sésame.

Pour plier les wontons, tenez la peau dans la paume de votre main gauche et déposez un peu de garniture au centre. Badigeonner les bords d'œuf et plier la croûte en triangle en scellant les bords. Badigeonnez les coins d'œuf et retournez-les.

Faites chauffer l'huile et faites frire les wontons petit à petit jusqu'à ce qu'ils brunissent. Bien égoutter avant de servir.

Ormeau au poulet

pour 4 personnes

400 g d'ormeau en conserve

30 ml/2 cuillères à soupe d'huile d'arachide (cacahuètes)
100 g de poitrine de poulet, coupée en dés
4 oz/100 g de pousses de bambou, tranchées
250 ml/8 oz/1 tasse de bouillon de poisson
15 ml / 1 cuillère à soupe de vin de riz ou de xérès sec
5 ml/1 cuillère à café de sucre
2,5 ml/¬Ω cc de sel
15 ml/1 cuillère à soupe de farine de maïs (amidon de maïs)
45 ml/3 cuillères à soupe d'eau

Égoutter et trancher l'ormeau en réservant le jus. Faites chauffer l'huile et faites frire le poulet jusqu'à ce qu'il devienne clair. Ajouter l'ormeau et les pousses de bambou et faire sauter pendant 1 minute. Ajouter le bouillon d'ormeau, le bouillon, le vin ou le xérès, le sucre et le sel, porter à ébullition et laisser mijoter 2 minutes. Mélangez la semoule de maïs et l'eau pour obtenir une pâte et faites cuire en remuant jusqu'à ce que la sauce s'éclaircisse et épaississe. Sers immédiatement.

Ormeau aux asperges

pour 4 personnes

10 champignons chinois séchés
30 ml/2 cuillères à soupe d'huile d'arachide (cacahuètes)
15 ml/1 cuillère à soupe d'eau
8 oz/225 g d'asperges
2,5 ml/¬Ω cuillère à café de sauce de poisson
15 ml/1 cuillère à soupe de farine de maïs (amidon de maïs)
8 oz/225 g d'ormeau en conserve, tranché
60 ml/4 cuillères à soupe de bouillon
¬Ω petite carotte, tranchée
5 ml/1 cuillère à café de sauce soja
5 ml/1 cuillère à café de sauce aux huîtres
5 ml/1 cuillère à café de vin de riz ou de xérès sec

Faites tremper les champignons dans de l'eau tiède pendant 30 minutes, puis égouttez-les. Jetez les tiges. Faites chauffer 15 ml/1 cuillère à soupe d'huile avec de l'eau et faites revenir les champignons pendant 10 minutes. Pendant ce temps, faites cuire les asperges dans l'eau bouillante avec la sauce de poisson et 1 c. à thé/5 ml de semoule de maïs jusqu'à consistance lisse. Bien égoutter et déposer sur une assiette chaude avec les champignons. Gardez-les au chaud. Faites chauffer le reste de l'huile et faites revenir les ormeaux pendant quelques secondes, puis ajoutez le bouillon, la carotte, la sauce soja, la sauce aux huîtres, le vin ou le xérès et le reste de la semoule de maïs. Cuire environ 5 minutes jusqu'à ce qu'elles soient cuites, puis verser sur les asperges et servir.

Ormeau aux champignons

pour 4 personnes

6 champignons chinois séchés

400 g d'ormeau en conserve

45 ml/3 cuillères à soupe d'huile d'arachide

2,5 ml/¬Ω cc de sel

15 ml / 1 cuillère à soupe de vin de riz ou de xérès sec

3 oignons nouveaux (oignons verts), coupés en tranches épaisses

Faites tremper les champignons dans de l'eau tiède pendant 30 minutes, puis égouttez-les. Jetez les tiges et coupez les sommets. Égoutter et trancher l'ormeau en réservant le jus. Faites chauffer l'huile et faites revenir le sel et les champignons pendant 2 minutes. Ajouter le bouillon d'ormeau et le xérès, porter à ébullition, couvrir et laisser mijoter 3 minutes. Ajouter les ormeaux et les oignons verts et cuire jusqu'à ce qu'ils soient bien chauds. Sers immédiatement.

Ormeau à la sauce d'huître

pour 4 personnes

400 g d'ormeau en conserve
15 ml/1 cuillère à soupe de farine de maïs (amidon de maïs)
15 ml/1 cuillère à soupe de sauce soja
45 ml/3 cuillères à soupe de sauce aux huîtres
30 ml/2 cuillères à soupe d'huile d'arachide (cacahuètes)
2 oz/50 g de jambon fumé haché

Égoutter la boîte d'ormeau et réserver 6 cuillères à soupe/90 ml de liquide. Mélanger avec la semoule de maïs, la sauce soja et la sauce aux huîtres. Faites chauffer l'huile et faites revenir les ormeaux égouttés pendant 1 minute. Ajouter le mélange de sauce et cuire, en remuant, jusqu'à ce que le tout soit bien chaud, environ 1 minute. Transférer dans un plat de service chaud et servir garni de jambon.

palourdes cuites à la vapeur

pour 4 personnes

24 coquilles

Frottez bien les palourdes, puis faites-les tremper dans de l'eau salée pendant quelques heures. Rincer sous l'eau courante et déposer dans une plaque à pâtisserie peu profonde. Placer sur une grille dans un cuiseur vapeur, couvrir et cuire dans de l'eau bouillante pendant environ 10 minutes jusqu'à ce que toutes les palourdes soient ouvertes. Jetez tout ce qui reste fermé. Servir avec des sauces.

Coquilles Saint-Jacques aux germes de soja

pour 4 personnes

24 coquilles
15 ml/1 cuillère à soupe d'huile d'arachide
5 oz/150 g de germes de soja
1 poivron vert, coupé en lanières
2 oignons verts (oignons), hachés
15 ml / 1 cuillère à soupe de vin de riz ou de xérès sec
sel et poivre fraîchement moulu
2,5 ml/¬Ω c. d'huile de sésame
2 oz/50 g de jambon fumé haché

Frottez bien les palourdes, puis faites-les tremper dans de l'eau salée pendant quelques heures. Rincer sous l'eau courante. Portez l'eau à ébullition dans une casserole, ajoutez les palourdes et faites bouillir quelques minutes jusqu'à ce qu'elles s'ouvrent. Égouttez et jetez ceux qui restent non ouverts. Retirez les palourdes des coquilles.

Faites chauffer l'huile et faites revenir les germes de soja pendant 1 minute. Ajoutez le poivron et la ciboulette et faites revenir 2 minutes. Ajoutez le vin ou le xérès et assaisonnez de sel et de poivre. Faites chauffer, puis ajoutez les palourdes et remuez jusqu'à ce que le tout soit bien mélangé et bien chaud. Transférer dans un plat de service chaud et servir arrosé d'huile de sésame et de bacon.

Coquilles Saint-Jacques au gingembre et à l'ail

pour 4 personnes

24 coquilles

15 ml/1 cuillère à soupe d'huile d'arachide

2 tranches de racine de gingembre, hachées

2 gousses d'ail, hachées

15 ml/1 cuillère à soupe d'eau

5 ml/1 cuillère à café d'huile de sésame

sel et poivre fraîchement moulu

Frottez bien les palourdes, puis faites-les tremper dans de l'eau salée pendant quelques heures. Rincer sous l'eau courante. Faites chauffer l'huile et faites revenir le gingembre et l'ail pendant 30 secondes. Ajouter les palourdes, l'eau et l'huile de sésame, couvrir et cuire environ 5 minutes jusqu'à ce que les palourdes s'ouvrent. Jetez tout ce qui reste fermé. Assaisonner légèrement de sel et de poivre et servir aussitôt.

pétoncles sautés

pour 4 personnes

24 coquilles

60 ml/4 cuillères à soupe d'huile d'arachide

4 gousses d'ail, hachées

1 oignon haché

2,5 ml/¬Ω cc de sel

Frottez bien les palourdes, puis faites-les tremper dans de l'eau salée pendant quelques heures. Rincer sous l'eau courante puis sécher. Faites chauffer l'huile et faites revenir l'ail, l'oignon et le sel jusqu'à ce qu'ils soient tendres. Ajouter les palourdes, couvrir et laisser mijoter environ 5 minutes jusqu'à ce que toutes les coquilles soient ouvertes. Jetez tout ce qui reste fermé. Faire revenir doucement pendant encore 1 minute en badigeonnant d'huile.

beignets de crabe

pour 4 personnes

8 oz/225 g de germes de soja
4 cuillères à soupe/60 ml d'huile d'arachide 4 oz/100 g de pousses de bambou coupées en lanières
1 oignon haché
8 oz/225 g de chair de crabe, râpée
4 œufs légèrement battus
15 ml/1 cuillère à soupe de farine de maïs (amidon de maïs)
30 ml/2 cuillères à soupe de sauce soja
sel et poivre fraîchement moulu

Blanchir les germes de soja dans l'eau bouillante pendant 4 minutes, puis égoutter. Faites chauffer la moitié de l'huile et faites revenir les germes de soja, les pousses de bambou et l'oignon jusqu'à ce qu'ils soient tendres. Retirez du feu et mélangez le reste des ingrédients, à l'exception de l'huile. Faites chauffer le reste de l'huile dans une poêle propre et faites revenir des cuillerées de mélange de chair de crabe pour faire des cupcakes. Faire frire jusqu'à ce qu'ils soient légèrement dorés des deux côtés et servir immédiatement.

Crème de crabe

pour 4 personnes

8 oz/225 g de chair de crabe

5 oeufs battus

1 oignon nouveau (échalote), finement haché

250 ml/8 fl oz/1 tasse d'eau

5 ml/1 cuillère à café de sel

5 ml/1 cuillère à café d'huile de sésame

Mélangez bien tous les ingrédients. Placer dans un bol, couvrir et placer au-dessus d'une chaudière au-dessus de l'eau chaude ou sur un gril à vapeur. Cuire à la vapeur pendant environ 35 minutes jusqu'à obtenir la consistance d'une crème, en remuant de temps en temps. Servir avec du riz.

Chair de crabe aux feuilles chinoises

pour 4 personnes

1 lb/450 g de feuilles de porcelaine moulues
45 ml/3 cuillères à soupe d'huile végétale
2 oignons verts (oignons), hachés
8 oz/225 g de chair de crabe
15 ml/1 cuillère à soupe de sauce soja
15 ml / 1 cuillère à soupe de vin de riz ou de xérès sec
5 ml/1 cuillère à café de sel

Faire bouillir les feuilles de chinois dans l'eau bouillante pendant 2 minutes, puis bien les égoutter et les rincer à l'eau froide. Faites chauffer l'huile et faites revenir les oignons nouveaux jusqu'à ce qu'ils soient légèrement dorés. Ajouter la chair de crabe et faire revenir 2 minutes. Ajouter les feuilles chinoises et faire sauter pendant 4 minutes. Ajouter la sauce soja, le vin ou le xérès, saler et bien mélanger. Ajouter le bouillon et la semoule de maïs, porter à ébullition et cuire en remuant pendant 2 minutes jusqu'à ce que la sauce s'éclaircisse et épaississe.

Crabe Foo Yung aux germes de soja

pour 4 personnes

6 oeufs battus

45 ml/3 cuillères à soupe de farine de maïs (amidon de maïs)

8 oz/225 g de chair de crabe

4 oz/100 g de germes de soja

2 oignons verts (oignons), finement hachés

2,5 ml/½ cc de sel

45 ml/3 cuillères à soupe d'huile d'arachide

Battez les œufs puis incorporez la semoule de maïs. Mélangez le reste des ingrédients, sauf l'huile. Faites chauffer l'huile et versez le mélange dans la poêle petit à petit pour faire de petites crêpes d'environ 7,5 cm de large. Faites frire jusqu'à ce que le fond soit doré, puis retournez et faites dorer de l'autre côté.

crabe au gingembre

pour 4 personnes

15 ml/1 cuillère à soupe d'huile d'arachide
2 tranches de racine de gingembre, hachées
4 oignons verts (oignons), hachés
3 gousses d'ail, émincées
1 poivron rouge, haché
12 oz/350 g de chair de crabe, râpée
2,5 ml/¬Ω cc de pâte de poisson
2,5 ml/¬Ω c. d'huile de sésame
15 ml / 1 cuillère à soupe de vin de riz ou de xérès sec
5 ml/1 cuillère à café de farine de maïs (amidon de maïs)
15 ml/1 cuillère à soupe d'eau

Faites chauffer l'huile et faites revenir le gingembre, l'oignon nouveau, l'ail et le piment pendant 2 minutes. Ajouter la chair de crabe et mélanger jusqu'à ce qu'elle soit bien enrobée d'épices. Ajoutez la pâte de poisson. Mélangez le reste des ingrédients pour obtenir une pâte, puis mélangez dans la poêle et faites sauter pendant 1 minute. Sers immédiatement.

Lo Mein au crabe

pour 4 personnes

4 oz/100 g de germes de soja
30 ml/2 cuillères à soupe d'huile d'arachide (cacahuètes)
5 ml/1 cuillère à café de sel
1 oignon, tranché
4 oz/100 g de champignons, tranchés
8 oz/225 g de chair de crabe, râpée
4 oz/100 g de pousses de bambou, tranchées
Nouilles frites
30 ml/2 cuillères à soupe de sauce soja
5 ml/1 cuillère à café de sucre
5 ml/1 cuillère à café d'huile de sésame
sel et poivre fraîchement moulu

Blanchissez les germes de soja dans l'eau bouillante pendant 5 minutes, puis égouttez-les. Faites chauffer l'huile et faites revenir le sel et l'oignon jusqu'à ce qu'ils soient tendres. Ajouter les champignons et faire revenir jusqu'à ce qu'ils soient tendres. Ajouter la chair de crabe et faire revenir 2 minutes. Ajouter les germes de soja et les pousses de bambou et faire sauter pendant 1 minute. Ajoutez les nouilles égouttées dans la poêle et mélangez délicatement. Mélangez la sauce soja, le sucre et l'huile de sésame et assaisonnez de sel et de poivre. Incorporer la poêle jusqu'à ce qu'elle soit bien chaude.

Crabe frit au porc

pour 4 personnes

30 ml/2 cuillères à soupe d'huile d'arachide (cacahuètes)
100 g/4 oz de porc haché (haché)
12 oz/350 g de chair de crabe, râpée
2 tranches de racine de gingembre, hachées
2 œufs légèrement battus
15 ml/1 cuillère à soupe de sauce soja
15 ml / 1 cuillère à soupe de vin de riz ou de xérès sec
30 ml/2 cuillères à soupe d'eau
sel et poivre fraîchement moulu
4 oignons verts (oignons verts), coupés en lanières

Faites chauffer l'huile et faites frire le porc jusqu'à ce qu'il devienne clair. Ajouter la chair de crabe et le gingembre et faire sauter pendant 1 minute. Ajoutez les œufs. Ajouter la sauce soja, le vin ou le xérès, l'eau, le sel et le poivre et cuire en remuant pendant environ 4 minutes. Il est servi garni d'oignons nouveaux.

Chair de crabe frite

pour 4 personnes

30 ml/2 cuillères à soupe d'huile d'arachide (cacahuètes)
1 kilogramme/450 g de chair de crabe, râpée
2 oignons verts (oignons), hachés
2 tranches de racine de gingembre, hachées
30 ml/2 cuillères à soupe de sauce soja
30 ml/2 cuillères à soupe de vin de riz ou de xérès sec
2,5 ml/¬Ω cc de sel
15 ml/1 cuillère à soupe de farine de maïs (amidon de maïs)
60 ml/4 cuillères à soupe d'eau

Faites chauffer l'huile et faites revenir la chair de crabe, les oignons nouveaux et le gingembre pendant 1 minute. Ajouter la sauce soja, le vin ou le xérès et le sel, couvrir et laisser mijoter 3 minutes. Mélangez la semoule de maïs et l'eau pour obtenir une pâte, mélangez dans une casserole et faites cuire en remuant jusqu'à ce que la sauce s'éclaircisse et épaississe.

Boulettes de seiche frites

pour 4 personnes

450 g/1 kg de seiche

2 oz/50 g de saindoux, émietté

1 blanc d'oeuf

2,5 ml/¬Ω cuillère à café de sucre

2,5 ml/¬Ω cc de farine de maïs (amidon de maïs)

sel et poivre fraîchement moulu

huile de friture

Coupez la seiche et broyez-la ou réduisez-la en purée. Mélanger avec le saindoux, le blanc d'œuf, le sucre et la fécule de maïs et assaisonner de sel et de poivre. Pressez le mélange en petites boules. Faites chauffer l'huile et faites frire les boulettes de seiche, par lots si nécessaire, jusqu'à ce qu'elles flottent dans l'huile et soient dorées. Bien égoutter et servir immédiatement.

Homard cantonais

pour 4 personnes

2 homards

30 ml/2 cuillères à soupe d'huile

15 ml / 1 cuillère à soupe de sauce aux haricots noirs

1 gousse d'ail, écrasée

1 oignon haché

8 oz/225 g de porc haché (haché)

45 ml/3 cuillères à soupe de sauce soja

5 ml/1 cuillère à café de sucre

sel et poivre fraîchement moulu

15 ml/1 cuillère à soupe de farine de maïs (amidon de maïs)

75 ml/5 cuillères à soupe d'eau

1 œuf battu

Ouvrir les homards, retirer la pulpe et les couper en cubes de 1/2,5 cm. Faites chauffer l'huile et faites revenir la sauce aux haricots noirs, l'ail et l'oignon jusqu'à ce qu'ils soient légèrement dorés. Ajouter le porc et faire revenir jusqu'à ce qu'il soit doré. Ajouter la sauce soja, le sucre, le sel, le poivre et le homard, couvrir et laisser mijoter environ 10 minutes. Mélangez la semoule de maïs et l'eau pour obtenir une pâte, mélangez dans une casserole et faites cuire en remuant jusqu'à ce que la sauce s'éclaircisse et épaississe. Éteignez le feu et ajoutez l'œuf avant de servir.

homard frit

pour 4 personnes

1 kilogramme/450 g de chair de homard
30 ml/2 cuillères à soupe de sauce soja
5 ml/1 cuillère à café de sucre
1 œuf battu
30 ml/3 cuillères à soupe de farine nature (tout usage)
huile de friture

Coupez la chair de homard en cubes de 1/2,5 cm et mélangez-la avec la sauce soja et le sucre. Laissez reposer 15 minutes puis égouttez. Incorporer l'œuf et la farine, puis ajouter le homard et bien mélanger pour bien enrober. Faites chauffer l'huile et faites frire le homard jusqu'à ce qu'il soit doré. Égoutter sur du papier absorbant avant de servir.

Homard cuit à la vapeur avec du jambon

pour 4 personnes

4 œufs légèrement battus
60 ml/4 cuillères à soupe d'eau
5 ml/1 cuillère à café de sel
15 ml/1 cuillère à soupe de sauce soja
1 lb/450 g de chair de homard, râpée
15 ml / 1 cuillère à soupe de jambon fumé haché
15 ml / 1 cuillère à soupe de persil frais haché

Battez les œufs avec l'eau, le sel et la sauce soja. Verser dans un bol allant au four et parsemer de chair de homard. Placez le plat sur une grille dans un cuiseur vapeur, couvrez et faites cuire à la vapeur pendant 20 minutes jusqu'à ce que les œufs soient pris. Ils sont servis garnis de jambon et de persil.

Homard aux champignons

pour 4 personnes

1 kilogramme/450 g de chair de homard
15 ml/1 cuillère à soupe de farine de maïs (amidon de maïs)
60 ml/4 cuillères à soupe d'eau
30 ml/2 cuillères à soupe d'huile d'arachide (cacahuètes)
4 oignons nouveaux (oignons verts), coupés en tranches épaisses
4 oz/100 g de champignons, tranchés
2,5 ml/¬Ω cc de sel
1 gousse d'ail, écrasée
30 ml/2 cuillères à soupe de sauce soja
15 ml / 1 cuillère à soupe de vin de riz ou de xérès sec

Coupez la chair du homard en cubes de 1/2,5 cm. Mélangez la semoule de maïs et l'eau pour obtenir une pâte et mélangez les cubes de homard dans le mélange pour les enrober. Faites chauffer la moitié de l'huile et faites frire les cubes de homard jusqu'à ce qu'ils soient légèrement dorés. Retirez-les de la poêle. Faites chauffer le reste de l'huile et faites revenir l'oignon nouveau jusqu'à ce qu'il soit légèrement doré. Ajoutez les champignons et faites revenir 3 minutes. Ajoutez le sel, l'ail, la sauce soja et le vin ou le xérès et faites revenir pendant 2 minutes. Remettez le homard dans la poêle et saisissez-le jusqu'à ce qu'il soit bien chaud.

Queues de homard au porc

pour 4 personnes

3 champignons chinois séchés

4 queues de homard

60 ml/4 cuillères à soupe d'huile d'arachide

100 g/4 oz de porc haché (haché)

2 oz/50 g de châtaignes d'eau, hachées finement

sel et poivre fraîchement moulu

2 gousses d'ail, hachées

45 ml/3 cuillères à soupe de sauce soja

30 ml/2 cuillères à soupe de vin de riz ou de xérès sec

30 ml/2 cuillères à soupe de sauce aux haricots noirs

10 ml/2 cuillères à soupe de farine de maïs (amidon de maïs)

120 ml/4 fl oz/¬Ω tasse d'eau

Faites tremper les champignons dans de l'eau tiède pendant 30 minutes, puis égouttez-les. Jetez les tiges et coupez les chapeaux. Coupez les queues de homard en deux dans le sens de la longueur. Retirez la chair des queues de homard en gardant les carapaces. Faites chauffer la moitié de l'huile et faites frire le porc jusqu'à ce qu'il soit tendre. Retirez du feu et mélangez les champignons, la chair de homard, les châtaignes d'eau, le sel et le poivre. Pressez la pulpe dans des coquilles de homard et placez-les sur une plaque à pâtisserie. Placer sur une grille dans un cuiseur vapeur, couvrir et cuire à la vapeur pendant environ 20 minutes jusqu'à ce qu'il soit cuit. Pendant ce temps, faites chauffer le reste de l'huile et faites revenir l'ail, la sauce soja, le vin ou le xérès et la sauce aux haricots noirs pendant 2 minutes. Mélangez la semoule de maïs et l'eau pour obtenir une pâte, mélangez dans la poêle et faites cuire en remuant jusqu'à ce que la sauce épaississe.

Homard frit

pour 4 personnes
450 g de queues de homard
30 ml/2 cuillères à soupe d'huile d'arachide (cacahuètes)
1 gousse d'ail, écrasée
2,5 ml/¬Ω cc de sel
12 oz/350 g de germes de soja
2 onces/50 g de champignons

4 oignons nouveaux (oignons verts), coupés en tranches épaisses
150 ml/¬° pour/ ¬Ω tasse généreuse de soupe au poulet
15 ml/1 cuillère à soupe de farine de maïs (amidon de maïs)

Portez l'eau à ébullition dans une casserole, ajoutez les queues de homard et faites bouillir 1 minute. Égouttez, laissez refroidir, pelez et coupez en tranches épaisses. Faites chauffer l'huile avec l'ail et le sel et faites revenir jusqu'à ce que l'ail soit légèrement doré. Ajouter le homard et faire revenir 1 minute. Ajouter les germes de soja et les champignons et faire sauter pendant 1 minute. Ajoutez la ciboulette. Ajouter l'essentiel du bouillon, porter à ébullition, couvrir et laisser mijoter 3 minutes. Mélanger la semoule de maïs avec le reste du bouillon, incorporer dans la poêle et cuire en remuant jusqu'à ce que la sauce s'éclaircisse et épaississe.

nids de homard

pour 4 personnes

30 ml/2 cuillères à soupe d'huile d'arachide (cacahuètes)

5 ml/1 cuillère à café de sel

1 oignon, tranché finement

4 oz/100 g de champignons, tranchés

4 oz/100 g de pousses de bambou, tranchées 8 oz/225 g de chair de homard cuite

15 ml / 1 cuillère à soupe de vin de riz ou de xérès sec

120 ml/4 fl oz/¬Ω tasse de bouillon de poulet

poudre de poivre fraîchement moulu

10 ml/2 cuillères à café de semoule de maïs (amidon de maïs)

15 ml/1 cuillère à soupe d'eau

4 paniers de nouilles

Faites chauffer l'huile et faites revenir le sel et l'oignon jusqu'à ce qu'ils soient tendres. Ajoutez les champignons et les pousses de bambou et faites revenir 2 minutes. Ajouter la chair de homard, le vin ou le sherry et le bouillon, porter à ébullition, couvrir et laisser mijoter 2 minutes. Assaisonner de poivre. Mélangez la semoule de maïs et l'eau pour obtenir une pâte, mélangez dans une casserole et faites cuire en remuant jusqu'à ce que la sauce épaississe. Disposez les nids de nouilles sur une assiette de service chaude et décorez de homard sauté.

Moules à la sauce aux haricots noirs

pour 4 personnes

45 ml/3 cuillères à soupe d'huile d'arachide
2 gousses d'ail, hachées
2 tranches de racine de gingembre, hachées
30 ml/2 cuillères à soupe de sauce aux haricots noirs
15 ml/1 cuillère à soupe de sauce soja
3 lb/1,5 kg de moules, lavées et parées
2 oignons verts (oignons), hachés

Faites chauffer l'huile et faites revenir l'ail et le gingembre pendant 30 secondes. Ajouter la sauce aux haricots noirs et la sauce soja et faire sauter pendant 10 secondes. Ajouter les palourdes, couvrir et cuire environ 6 minutes jusqu'à ce que les palourdes soient ouvertes. Jetez tout ce qui reste fermé.

Transférer dans un plat de service chaud et servir parsemé de ciboulette.

Moules au gingembre

pour 4 personnes

45 ml/3 cuillères à soupe d'huile d'arachide

2 gousses d'ail, hachées

4 tranches de racine de gingembre, hachées

3 lb/1,5 kg de moules, lavées et parées

45 ml/3 cuillères à soupe d'eau

15 ml / 1 cuillère à soupe de sauce aux huîtres

Faites chauffer l'huile et faites revenir l'ail et le gingembre pendant 30 secondes. Ajouter les palourdes et l'eau, couvrir et cuire environ 6 minutes jusqu'à ce que les palourdes s'ouvrent. Jetez tout ce qui reste fermé. Transférer dans un plat de service chaud et servir arrosé de sauce aux huîtres.

moules cuites à la vapeur

pour 4 personnes

3 lb/1,5 kg de moules, lavées et parées
45 ml/3 cuillères à soupe de sauce soja
3 oignons nouveaux (oignons verts), finement hachés

Placez les moules sur une grille dans un cuiseur vapeur, couvrez et faites cuire dans l'eau bouillante pendant environ 10 minutes jusqu'à ce que toutes les coquilles soient ouvertes. Jetez tout ce qui reste fermé. Transférer dans un plat de service chaud et servir arrosé de sauce soja et d'oignons verts.

huîtres frites

pour 4 personnes

24 huîtres écaillées

sel et poivre fraîchement moulu

1 œuf battu

50 g/2 oz/½ tasse de farine nature (tout usage)

250 ml/8 fl oz/1 tasse d'eau

huile de friture

4 oignons verts (oignons), hachés

Saupoudrer les huîtres de sel et de poivre. Battez l'œuf avec la farine et l'eau jusqu'à obtenir une pâte et utilisez-la pour enrober les huîtres. Faites chauffer l'huile et faites frire les huîtres jusqu'à ce qu'elles soient dorées. Égoutter sur du papier absorbant et servir garni de ciboulette.

huîtres au bacon

pour 4 personnes

6 onces/175 g de bacon
24 huîtres écaillées
1 œuf légèrement battu
15 ml/1 cuillère à soupe d'eau
45 ml/3 cuillères à soupe d'huile d'arachide
2 oignons, hachés
15 ml/1 cuillère à soupe de farine de maïs (amidon de maïs)
15 ml/1 cuillère à soupe de sauce soja
90 ml/6 cuillères à soupe de bouillon de poulet

Coupez le bacon en morceaux et enroulez un morceau autour de chaque huître. Battez l'œuf avec de l'eau, puis plongez-le dans les huîtres pour l'enrober. Faites chauffer la moitié de l'huile et faites frire les huîtres jusqu'à ce qu'elles soient légèrement dorées des deux côtés, puis retirez-les de la poêle et égouttez la graisse. Faites chauffer le reste de l'huile et faites revenir l'oignon jusqu'à ce qu'il soit tendre. Mélanger la semoule de maïs, la sauce soja et le bouillon jusqu'à consistance lisse, verser dans la poêle et cuire en remuant jusqu'à ce que la sauce s'éclaircisse et épaississe. Versez sur les huîtres et servez aussitôt.

Huîtres frites au gingembre

pour 4 personnes

24 huîtres écaillées
2 tranches de racine de gingembre, hachées
30 ml/2 cuillères à soupe de sauce soja
15 ml / 1 cuillère à soupe de vin de riz ou de xérès sec
4 oignons verts (oignons verts), coupés en lanières
4 oz/100 g de bacon
1 oeuf
50 g/2 oz/¬Ω tasse de farine nature (tout usage)
sel et poivre fraîchement moulu
huile de friture
1 citron, coupé en tranches

Placez les huîtres dans un bol avec le gingembre, la sauce soja et le vin ou le xérès et mélangez bien pour bien les enrober. Laissez reposer 30 minutes. Déposez quelques lamelles d'oignon nouveau sur chaque huître. Coupez le bacon en morceaux et enroulez un morceau autour de chaque huître. Battre l'œuf et la farine jusqu'à formation d'une pâte et assaisonner de sel et de poivre. Tremper les huîtres dans la pâte jusqu'à ce qu'elles soient bien enrobées. Faites chauffer l'huile et faites frire les huîtres jusqu'à ce qu'elles soient dorées. Ils sont servis garnis de tranches de citron.

Huîtres à la sauce aux haricots noirs

pour 4 personnes

12 oz/350 g d'huîtres écaillées
120 ml/4 fl oz/¬Ω tasse d'huile d'arachide
2 gousses d'ail, hachées
3 oignons nouveaux (oignons verts), tranchés
15 ml / 1 cuillère à soupe de sauce aux haricots noirs
30 ml/2 cuillères à soupe de sauce soja noire
15 ml/1 cuillère à soupe d'huile de sésame
poudre de chili

Faire bouillir les huîtres dans l'eau bouillante pendant 30 secondes, puis les égoutter. Faites chauffer l'huile et faites revenir l'ail et la ciboulette pendant 30 secondes. Ajouter la sauce aux haricots noirs, la sauce soja, l'huile de sésame et les huîtres et assaisonner au goût avec de la poudre de chili. Faire frire jusqu'à ce qu'il soit bien chaud et servir immédiatement.

Palourdes aux pousses de bambou

pour 4 personnes

60 ml/4 cuillères à soupe d'huile d'arachide

6 oignons nouveaux (oignons verts), hachés

8 oz/225 g de champignons, coupés en quartiers

15 ml/1 cuillère de sucre

1 kilogramme / 450 g de palourdes décortiquées

2 tranches de racine de gingembre, hachées

8 oz/225 g de pousses de bambou, tranchées

sel et poivre fraîchement moulu

300 ml/¬Ω pour/1 ¬° tasse d'eau

30 ml/2 cuillères à soupe de vinaigre de vin

30 ml/2 cuillères à soupe de farine de maïs (amidon de maïs)

150 ml/¬° pour/ ¬Ω une généreuse tasse d'eau

45 ml/3 cuillères à soupe de sauce soja

Faites chauffer l'huile et faites revenir les oignons nouveaux et les champignons pendant 2 minutes. Ajoutez le sucre, les palourdes, le gingembre, les pousses de bambou, salez et poivrez, couvrez et laissez cuire 5 minutes. Ajouter l'eau et le vinaigre de vin, porter à ébullition, couvrir et laisser mijoter 5 minutes. Mélangez la semoule de maïs et l'eau pour obtenir une pâte, mélangez dans une casserole et faites cuire en remuant jusqu'à ce que la sauce épaississe. Assaisonner de sauce soja et servir.

Pétoncles à l'Oeuf

pour 4 personnes

45 ml/3 cuillères à soupe d'huile d'arachide
12 oz/350 g de palourdes décortiquées
1 oz/25 g de jambon fumé haché
30 ml/2 cuillères à soupe de vin de riz ou de xérès sec
5 ml/1 cuillère à café de sucre
2,5 ml/¬Ω cc de sel
poudre de poivre fraîchement moulu
2 œufs légèrement battus
15 ml/1 cuillère à soupe de sauce soja

Faites chauffer l'huile et saisissez les pétoncles pendant 30 secondes. Ajoutez le jambon et faites revenir 1 minute. Ajoutez le vin ou le xérès, le sucre, le sel et le poivre et laissez mijoter 1 minute. Ajoutez les œufs et remuez doucement à feu vif jusqu'à ce que les ingrédients soient bien enrobés dans l'œuf. Il est servi arrosé de sauce soja.

pétoncles au brocoli

pour 4 personnes

12 oz/350 g de pétoncles, tranchés

3 tranches de racine de gingembre hachées

¬Ω petite carotte, tranchée

1 gousse d'ail, écrasée

3 cuillères à soupe/45 ml de farine nature (tout usage)

2,5 ml/¬Ω c. bicarbonate de sodium (bicarbonate de sodium)

30 ml/2 cuillères à soupe d'huile d'arachide (cacahuètes)

15 ml/1 cuillère à soupe d'eau

1 banane, tranchée

huile de friture

10 oz/275 g de brocoli

sel

5 ml/1 cuillère à café d'huile de sésame

2,5 ml/¬Ω c. de sauce piquante
2,5 ml/¬Ω cc de vinaigre de vin
2,5 ml/¬Ω cc de purée de tomates (pâte)

Mélanger les palourdes avec le gingembre, la carotte et l'ail et laisser reposer. Mélangez la farine, le bicarbonate de soude, 15 ml/1 cuillère à soupe d'huile et l'eau pour obtenir une pâte et utilisez-la pour enrober les tranches de banane. Faites chauffer l'huile et faites frire le plantain jusqu'à ce qu'il soit doré, puis égouttez-le et placez-le autour d'une assiette de service chaude. Pendant ce temps, faites cuire le brocoli dans de l'eau bouillante salée jusqu'à ce qu'il soit tendre, puis égouttez-le. Faites chauffer le reste de l'huile de sésame, faites revenir brièvement le brocoli et disposez-le autour de l'assiette avec les bananes. Ajouter la sauce chili, le vinaigre de vin et la purée de tomates dans la poêle et saisir les pétoncles jusqu'à ce qu'ils soient bien cuits.

Coquilles Saint-Jacques au gingembre

pour 4 personnes

45 ml/3 cuillères à soupe d'huile d'arachide
2,5 ml/¬Ω cc de sel
3 tranches de racine de gingembre hachées
2 oignons nouveaux (oignons verts), coupés en tranches épaisses
1 lb/450 g de pétoncles décortiqués, coupés en deux
15 ml/1 cuillère à soupe de farine de maïs (amidon de maïs)
60 ml/4 cuillères à soupe d'eau

Faites chauffer l'huile et faites revenir le sel et le gingembre pendant 30 secondes. Ajouter la ciboulette et faire revenir jusqu'à ce qu'elle soit légèrement dorée. Ajouter les palourdes et faire sauter pendant 3 minutes. Mélangez la semoule de maïs et l'eau pour obtenir une pâte, ajoutez-la dans la casserole et laissez mijoter en remuant jusqu'à épaississement. Sers immédiatement.

Coquilles Saint-Jacques au jambon

pour 4 personnes

1 lb/450 g de pétoncles décortiqués, coupés en deux

8 fl oz/1 tasse de vin de riz ou de xérès sec

1 oignon, finement haché

2 tranches de racine de gingembre, hachées

2,5 ml/¬Ω cc de sel

100 g de jambon fumé haché

Placez les palourdes dans un bol et ajoutez le vin ou le xérès. Couvrir et laisser mariner 30 minutes en les retournant de temps en temps, puis égoutter les palourdes et jeter la marinade. Disposez les palourdes dans un plat allant au four avec le reste des ingrédients. Placez le plat sur une grille dans un cuiseur vapeur, couvrez et faites cuire dans l'eau bouillante pendant environ 6 minutes jusqu'à ce que les palourdes soient tendres.

Coquilles Saint-Jacques brouillées aux herbes

pour 4 personnes

8 oz/225 g de palourdes décortiquées
30 ml/2 cuillères à soupe de coriandre fraîche hachée
4 oeufs battus
15 ml / 1 cuillère à soupe de vin de riz ou de xérès sec
sel et poivre fraîchement moulu
15 ml/1 cuillère à soupe d'huile d'arachide

Placer les pétoncles dans un cuiseur vapeur et cuire à la vapeur pendant environ 3 minutes jusqu'à ce qu'ils soient bien cuits, selon leur taille. Retirer du cuiseur vapeur et saupoudrer de coriandre. Fouettez les œufs avec le vin ou le xérès et assaisonnez au goût avec du sel et du poivre. Mélanger les palourdes et la coriandre. Faites chauffer l'huile et faites cuire le mélange d'œufs de palourdes en remuant constamment jusqu'à ce que les œufs soient pris. Sers immédiatement.

Pétoncles et oignons sautés

pour 4 personnes

45 ml/3 cuillères à soupe d'huile d'arachide
1 oignon, tranché
450 g de palourdes décortiquées, coupées en quartiers
sel et poivre fraîchement moulu
15 ml / 1 cuillère à soupe de vin de riz ou de xérès sec

Faites chauffer l'huile et faites revenir l'oignon jusqu'à ce qu'il soit tendre. Ajouter les pétoncles et faire revenir jusqu'à ce qu'ils soient légèrement dorés. Assaisonner de sel et de poivre, déglacer avec du vin ou du xérès et servir immédiatement.

Coquilles Saint-Jacques aux légumes

Pour 4-6

4 champignons chinois séchés
2 oignons
30 ml/2 cuillères à soupe d'huile d'arachide (cacahuètes)
3 branches de céleri, coupées en diagonale
8 oz/225 g de haricots verts, tranchés en diagonale
10 ml/2 cuillères à café de racine de gingembre râpée
1 gousse d'ail, écrasée
20 ml/4 cuillères à soupe de farine de maïs (amidon de maïs)
8 fl oz/1 tasse de bouillon de poulet
30 ml/2 cuillères à soupe de vin de riz ou de xérès sec
30 ml/2 cuillères à soupe de sauce soja
450 g de palourdes décortiquées, coupées en quartiers
6 oignons nouveaux (oignons verts), tranchés
Boîtes de 15 oz/425 g de maïs miniature

Faites tremper les champignons dans de l'eau tiède pendant 30 minutes, puis égouttez-les. Jetez les tiges et coupez les sommets. Tranchez l'oignon et séparez les couches. Faites chauffer l'huile et faites revenir l'oignon, le céleri, les haricots, le gingembre et l'ail pendant 3 minutes. Mélangez la semoule de maïs avec un peu de bouillon, puis incorporez le reste du bouillon, le vin ou le xérès et la sauce soja. Ajouter au wok et porter à ébullition en remuant. Ajouter les champignons, les pétoncles, les oignons nouveaux et le maïs et faire revenir environ 5 minutes jusqu'à ce que les pétoncles soient tendres.

palourdes aux poivrons

pour 4 personnes

30 ml/2 cuillères à soupe d'huile d'arachide (cacahuètes)

3 oignons verts (oignons), hachés

1 gousse d'ail, écrasée

2 tranches de racine de gingembre, hachées

2 poivrons rouges, coupés en dés

1 kilogramme / 450 g de palourdes décortiquées

30 ml/2 cuillères à soupe de vin de riz ou de xérès sec
15 ml/1 cuillère à soupe de sauce soja
15 ml / 1 cuillère à soupe de sauce aux haricots jaunes
5 ml/1 cuillère à café de sucre
5 ml/1 cuillère à café d'huile de sésame

Faites chauffer l'huile et faites revenir les oignons nouveaux, l'ail et le gingembre pendant 30 secondes. Ajouter les poivrons et faire revenir 1 minute. Ajouter les pétoncles et faire sauter pendant 30 secondes, puis ajouter le reste des ingrédients et cuire environ 3 minutes jusqu'à ce que les pétoncles soient tendres.

Calamars aux germes de soja

pour 4 personnes

1 kilogramme/450 g de calamar
30 ml/2 cuillères à soupe d'huile d'arachide (cacahuètes)
15 ml / 1 cuillère à soupe de vin de riz ou de xérès sec
4 oz/100 g de germes de soja
15 ml/1 cuillère à soupe de sauce soja

sel

1 poivron rouge, râpé

2 tranches de racine de gingembre, râpées

2 oignons verts (oignons), râpés

Retirez la tête, les boyaux et la membrane du calmar et coupez-le en gros morceaux. Découpez un motif en croix sur chaque pièce. Faites bouillir de l'eau dans une casserole, ajoutez les calamars et faites cuire à feu doux jusqu'à ce que les morceaux soient roulés, retirez-les et égouttez-les. Faites chauffer la moitié de l'huile et faites revenir rapidement les calamars. Arroser de vin ou de xérès. Pendant ce temps, faites chauffer le reste de l'huile et faites revenir les germes de soja jusqu'à ce qu'ils soient tendres. Assaisonner avec de la sauce soja et du sel. Disposez le piment, le gingembre et la ciboulette sur un plat de service. Placer les germes de soja au centre et garnir de calamars. Sers immédiatement.

Calamar frit

pour 4 personnes

2 oz/50 g de farine nature (tout usage)
25 g/1 oz/¬° tasse de semoule de maïs (amidon de maïs)
2,5 ml/¬Ω c. de levure chimique
2,5 ml/¬Ω cc de sel
1 oeuf
75 ml/5 cuillères à soupe d'eau
15 ml/1 cuillère à soupe d'huile d'arachide
1 lb/450 g de calamar, tranché
huile de friture

Mélangez la farine, la fécule de maïs, la levure chimique, le sel, les œufs, l'eau et l'huile pour obtenir une pâte. Tremper les calamars dans la pâte jusqu'à ce qu'ils soient bien enrobés. Faites chauffer l'huile et faites revenir les calamars petit à petit jusqu'à ce qu'ils brunissent. Égoutter sur du papier absorbant avant de servir.

paquets de calmars

pour 4 personnes

8 champignons chinois séchés
1 kilogramme/450 g de calamar
4 oz/100 g de jambon fumé
4 onces/100 g de tofu
1 œuf battu
15 ml/1 cuillère à soupe de farine nature (tout usage)
2,5 ml/½ cuillère à café de sucre
2,5 ml/½ c. d'huile de sésame
sel et poivre fraîchement moulu
8 peaux de wonton
huile de friture

Faites tremper les champignons dans de l'eau tiède pendant 30 minutes, puis égouttez-les. Jetez les tiges. Retirez les calamars et coupez-les en 8 morceaux. Coupez le jambon et le tofu en 8 morceaux. Mettez-les tous dans un bol. Mélangez l'œuf avec la farine, le sucre, l'huile de sésame, le sel et le poivre. Versez sur les ingrédients dans le bol et mélangez délicatement. Placez un chapeau de champignon et un morceau de calamar, de jambon et de tofu juste sous le centre de chaque coquille de wonton. Pliez le coin inférieur vers le haut, repliez les côtés, puis enroulez-le en mouillant les bords avec de l'eau pour sceller. Faites chauffer l'huile et faites frire les papillotes pendant environ 8 minutes jusqu'à ce qu'elles soient dorées. Bien égoutter avant de servir.

Rouleaux de calamars frits

pour 4 personnes

45 ml/3 cuillères à soupe d'huile d'arachide
8 oz/225 g de rondelles de calamar
1 gros poivron vert, coupé en morceaux
4 oz/100 g de pousses de bambou, tranchées
2 oignons verts (oignons), finement hachés
1 tranche de racine de gingembre, hachée finement
45 ml/2 cuillères à soupe de sauce soja
30 ml/2 cuillères à soupe de vin de riz ou de xérès sec
15 ml/1 cuillère à soupe de farine de maïs (amidon de maïs)
15 ml/1 cuillère à soupe de bouillon de poisson ou d'eau
5 ml/1 cuillère à café de sucre
5 ml/1 cuillère à café de vinaigre de vin

5 ml/1 cuillère à café d'huile de sésame
sel et poivre fraîchement moulu

Faites chauffer 15 ml/1 cuillère à soupe d'huile et faites revenir rapidement les calamars jusqu'à ce qu'ils soient dorés. Pendant ce temps, faites chauffer le reste de l'huile dans une poêle à part et faites revenir le poivron, les pousses de bambou, l'oignon nouveau et le gingembre pendant 2 minutes. Ajouter les calamars et faire revenir 1 minute. Ajoutez la sauce soja, le vin ou le xérès, la crème, le bouillon, le sucre, le vinaigre de vin et l'huile de sésame et assaisonnez de sel et de poivre. Laisser mijoter jusqu'à ce que la sauce soit claire et épaissie.

Calmars frits

pour 4 personnes

45 ml/3 cuillères à soupe d'huile d'arachide
3 oignons nouveaux (oignons verts), coupés en tranches épaisses
2 tranches de racine de gingembre, hachées
1 lb/450 g de calamar, coupé en morceaux

15 ml/1 cuillère à soupe de sauce soja
15 ml / 1 cuillère à soupe de vin de riz ou de xérès sec
5 ml/1 cuillère à café de farine de maïs (amidon de maïs)
15 ml/1 cuillère à soupe d'eau

Faites chauffer l'huile et faites revenir l'oignon nouveau et le gingembre jusqu'à ce qu'ils soient tendres. Ajouter les calamars et faire revenir jusqu'à ce qu'ils soient combinés avec l'huile. Ajouter la sauce soja et le vin ou le xérès, couvrir et laisser mijoter 2 minutes. Mélangez la semoule de maïs et l'eau pour obtenir une pâte, ajoutez-la dans la casserole et laissez mijoter en remuant jusqu'à ce que la sauce épaississe et que les calamars soient tendres.

Calamars aux champignons séchés

pour 4 personnes

50 g de champignons chinois séchés
450 g de rondelles de calamar
45 ml/3 cuillères à soupe d'huile d'arachide
45 ml/3 cuillères à soupe de sauce soja
2 oignons verts (oignons), finement hachés
1 tranche de racine de gingembre, hachée
8 oz/225 g de pousses de bambou, coupées en lanières
30 ml/2 cuillères à soupe de farine de maïs (amidon de maïs)

150 ml/¬° pour/¬Ω une généreuse tasse de soupe de poisson

Faites tremper les champignons dans de l'eau tiède pendant 30 minutes, puis égouttez-les. Jetez les tiges et coupez les sommets. Faites bouillir les calamars quelques secondes dans de l'eau bouillante. Faites chauffer l'huile, puis ajoutez les champignons, la sauce soja, l'oignon nouveau et le gingembre et faites revenir 2 minutes. Ajoutez les calamars et les pousses de bambou et faites revenir 2 minutes. Mélangez la semoule de maïs et le bouillon et versez dans la poêle. Cuire à feu doux en remuant jusqu'à ce que la sauce s'éclaircisse et épaississe.

calamars aux légumes

pour 4 personnes
45 ml/3 cuillères à soupe d'huile d'arachide
1 oignon, tranché
5 ml/1 cuillère à café de sel
1 lb/450 g de calamar, coupé en morceaux
4 oz/100 g de pousses de bambou, tranchées
2 branches de céleri, coupées en diagonale
60 ml/4 cuillères à soupe de bouillon de poulet

5 ml/1 cuillère à café de sucre

4 oz/100 g de pois mange-tout

5 ml/ 1 cuillère à café de farine de maïs (amidon de maïs)

15 ml/1 cuillère à soupe d'eau

Faites chauffer l'huile et faites revenir l'oignon et le sel jusqu'à ce qu'ils soient légèrement dorés. Ajouter les calamars et faire revenir jusqu'à ce qu'ils soient enrobés d'huile. Ajouter les pousses de bambou et le céleri et faire sauter pendant 3 minutes. Ajouter le bouillon et le sucre, porter à ébullition, couvrir et laisser mijoter 3 minutes jusqu'à ce que les légumes soient tendres. Ajoutez la mangue. Mélangez la semoule de maïs et l'eau pour obtenir une pâte, mélangez dans une casserole et faites cuire en remuant jusqu'à ce que la sauce épaississe.

Ragoût de boeuf à l'anis

pour 4 personnes

30 ml/2 cuillères à soupe d'huile d'arachide (cacahuètes)

450 g/1 kg de muscle de bœuf

1 gousse d'ail, écrasée

45 ml/3 cuillères à soupe de sauce soja

15 ml/1 cuillère à soupe d'eau

15 ml / 1 cuillère à soupe de vin de riz ou de xérès sec

5 ml/1 cuillère à café de sel

5 ml/1 cuillère à café de sucre
2 gousses d'anis étoilé

Faites chauffer l'huile et faites frire la viande jusqu'à ce qu'elle soit dorée de tous les côtés. Ajouter le reste des ingrédients, porter à ébullition, couvrir et laisser mijoter environ 45 minutes, puis retourner la viande en ajoutant un peu d'eau et de sauce soja si la viande se dessèche. Laisser mijoter encore 45 minutes jusqu'à ce que la viande soit tendre. Jetez l'anis étoilé avant de servir.

Veau aux asperges

pour 4 personnes

1 lb/450 g de bifteck de surlonge, coupé en dés
30 ml/2 cuillères à soupe de sauce soja
30 ml/2 cuillères à soupe de vin de riz ou de xérès sec
45 ml/3 cuillères à soupe de farine de maïs (amidon de maïs)
45 ml/3 cuillères à soupe d'huile d'arachide
5 ml/1 cuillère à café de sel

1 gousse d'ail, écrasée
12 oz/350 g de pointes d'asperges
120 ml/4 fl oz/¬Ω tasse de bouillon de poulet
15 ml/1 cuillère à soupe de sauce soja

Placez le steak dans un bol. Mélangez la sauce soja, le vin ou le xérès et 2 cuillères à soupe/30 ml de semoule de maïs, versez sur le steak et mélangez bien. Laisser mariner 30 minutes. Faites chauffer l'huile avec le sel et l'ail et faites revenir jusqu'à ce que l'ail soit légèrement doré. Ajouter la viande et la marinade et faire revenir 4 minutes. Ajouter les asperges et faire revenir doucement pendant 2 minutes. Ajouter le bouillon et la sauce soja, porter à ébullition et cuire en remuant pendant 3 minutes jusqu'à ce que la viande soit bien cuite. Mélangez le reste de semoule de maïs avec un peu d'eau ou de bouillon et incorporez-le à la sauce. Faire bouillir en remuant pendant quelques minutes jusqu'à ce que la sauce s'éclaircisse et épaississe.

Boeuf aux pousses de bambou

pour 4 personnes
45 ml/3 cuillères à soupe d'huile d'arachide
1 gousse d'ail, écrasée
1 oignon nouveau (oignon vert), haché
1 tranche de racine de gingembre, hachée

225 g de bœuf maigre coupé en lanières
4 oz/100 g de pousses de bambou
45 ml/3 cuillères à soupe de sauce soja
15 ml / 1 cuillère à soupe de vin de riz ou de xérès sec
5 ml/1 cuillère à café de farine de maïs (amidon de maïs)

Faites chauffer l'huile et faites revenir l'ail, l'oignon nouveau et le gingembre jusqu'à ce qu'ils soient légèrement dorés. Ajouter la viande et faire revenir pendant 4 minutes jusqu'à ce qu'elle soit légèrement dorée. Ajoutez les pousses de bambou et faites revenir 3 minutes. Ajouter la sauce soja, le vin ou le xérès et la semoule de maïs et faire sauter pendant 4 minutes.

Boeuf aux pousses de bambou et champignons

pour 4 personnes
8 oz/225 g de bœuf maigre
45 ml/3 cuillères à soupe d'huile d'arachide
1 tranche de racine de gingembre, hachée
4 oz/100 g de pousses de bambou, tranchées

4 oz/100 g de champignons, tranchés
45 ml/3 cuillères à soupe de vin de riz ou de xérès sec
5 ml/1 cuillère à café de sucre
10 ml/2 cuillères à café de sauce soja
sel et poivre
120 ml/4 fl oz/¬Ω tasse de bouillon de bœuf
15 ml/1 cuillère à soupe de farine de maïs (amidon de maïs)
30 ml/2 cuillères à soupe d'eau

Tranchez finement le bœuf contre le grain. Faites chauffer l'huile et faites revenir le gingembre pendant quelques secondes. Ajouter la viande et cuire jusqu'à ce qu'elle soit dorée. Ajoutez les pousses de bambou et les champignons et faites revenir 1 minute. Ajouter le vin ou le xérès, le sucre et la sauce soja et assaisonner de sel et de poivre. Ajouter le bouillon, porter à ébullition, couvrir et laisser mijoter 3 minutes. Mélangez la semoule de maïs et l'eau, versez dans une casserole et faites cuire à feu doux en remuant jusqu'à ce que la sauce épaississe.

Bœuf bouilli chinois

pour 4 personnes
45 ml/3 cuillères à soupe d'huile d'arachide
900 g de steak de bœuf
1 oignon nouveau (oignon vert), tranché

1 gousse d'ail, hachée

1 tranche de racine de gingembre, hachée

60 ml/4 cuillères à soupe de sauce soja

30 ml/2 cuillères à soupe de vin de riz ou de xérès sec

5 ml/1 cuillère à café de sucre

5 ml/1 cuillère à café de sel

Poudre de poivre

750 ml/1° PCT/3 tasses d'eau bouillante

Faites chauffer l'huile et faites dorer rapidement la viande de tous les côtés. Ajoutez les oignons nouveaux, l'ail, le gingembre, la sauce soja, le vin ou le xérès, le sucre, le sel et le poivre. Porter à ébullition en remuant. Ajoutez l'eau bouillante, portez à ébullition en remuant, puis couvrez et laissez cuire environ 2 heures jusqu'à ce que la viande soit tendre.

Boeuf aux germes de soja

pour 4 personnes

450 g de bœuf maigre, tranché

1 blanc d'oeuf

30 ml/2 cuillères à soupe d'huile d'arachide (cacahuètes)

15 ml/1 cuillère à soupe de farine de maïs (amidon de maïs)
15 ml/1 cuillère à soupe de sauce soja
4 oz/100 g de germes de soja
1 oz/25 g de choucroute, râpée
1 poivron rouge, râpé
2 oignons verts (oignons), râpés
2 tranches de racine de gingembre, râpées
sel
5 ml/1 cuillère à café de sauce aux huîtres
5 ml/1 cuillère à café d'huile de sésame

Mélangez la viande avec le blanc d'œuf, la moitié de l'huile, la fécule de maïs et la sauce soja et laissez reposer 30 minutes. Blanchir les germes de soja dans l'eau bouillante pendant environ 8 minutes jusqu'à ce qu'ils soient presque tendres, puis égoutter. Faites chauffer le reste de l'huile et saisissez la viande jusqu'à ce qu'elle soit légèrement dorée, puis retirez-la de la poêle. Ajouter la choucroute, le piment, le gingembre, le sel, la sauce d'huître et l'huile de sésame et faire sauter pendant 2 minutes. Ajouter les germes de soja et faire revenir pendant 2 minutes. Remettez la viande dans la poêle et faites-la frire jusqu'à ce qu'elle soit bien mélangée et bien chaude. Sers immédiatement.

Bœuf avec brocoli

pour 4 personnes

1 lb/450 g de bifteck de surlonge, tranché finement
30 ml/2 cuillères à soupe de farine de maïs (amidon de maïs)
15 ml / 1 cuillère à soupe de vin de riz ou de xérès sec
15 ml/1 cuillère à soupe de sauce soja
30 ml/2 cuillères à soupe d'huile d'arachide (cacahuètes)
5 ml/1 cuillère à café de sel
1 gousse d'ail, écrasée
8 oz/225 g de fleurons de brocoli
150 ml/¬° pour/ ¬Ω tasse généreuse de soupe au bœuf

Placez le steak dans un bol. Mélangez 15 ml/1 cuillère à soupe de semoule de maïs avec du vin ou du xérès et de la sauce soja, ajoutez à la viande et laissez mariner 30 minutes. Faites chauffer l'huile avec le sel et l'ail et faites revenir jusqu'à ce que l'ail soit légèrement doré. Ajouter le steak et la marinade et faire sauter pendant 4 minutes. Ajouter le brocoli et faire sauter pendant 3 minutes. Ajouter le bouillon, porter à ébullition, couvrir et cuire 5 minutes jusqu'à ce que le brocoli soit tendre mais toujours croquant. Mélangez le reste de la semoule de maïs avec un peu d'eau et incorporez-la à la sauce. Cuire à feu doux en remuant jusqu'à ce que la sauce s'éclaircisse et épaississe.

Viande de sésame au brocoli

pour 4 personnes

5 oz/150 g de bœuf, tranché finement

2,5 ml/¬Ω cuillère à café de sauce aux huîtres

5 ml/1 cuillère à café de farine de maïs (amidon de maïs)

5 ml/1 cuillère à café de vinaigre de vin blanc

60 ml/4 cuillères à soupe d'huile d'arachide

100 g de fleurons de brocoli

5 ml/1 cuillère à café de sauce de poisson

2,5 ml/¬Ω cuillère à café de sauce soja

8 fl oz/1 tasse de bouillon de bœuf

30 ml/2 cuillères à soupe de graines de sésame

Faites mariner le bœuf avec la sauce aux huîtres, 2,5 ml/¬Ω cuillère à café de semoule de maïs, 2,5 ml/¬Ω cuillère à café de vinaigre de vin et 15 ml/¬Ω cuillère à café d'huile pendant 1 heure.

Pendant ce temps, faites chauffer 15 ml/1 cuillère à soupe d'huile, ajoutez le brocoli, 2,5 ml/¬Ω de sauce de poisson, la sauce soja et le reste du vinaigre de vin et couvrez d'eau bouillante. Cuire à feu doux pendant environ 10 minutes jusqu'à ce qu'ils soient tendres.

Faites chauffer 2 cuillères à soupe/30 ml d'huile dans une autre poêle et saisissez légèrement la viande jusqu'à ce qu'elle soit dorée. Ajouter le bouillon, le reste de la semoule de maïs et la sauce de poisson, porter à ébullition, couvrir et laisser mijoter environ 10 minutes jusqu'à ce que la viande soit tendre. Égoutter le brocoli et le déposer sur une assiette de service chaude. Garnir de viande et saupoudrer généreusement de graines de sésame.

Bœuf grillé

pour 4 personnes

1 lb/450 g de steak maigre, tranché
60 ml/4 cuillères à soupe de sauce soja
2 gousses d'ail, hachées
5 ml/1 cuillère à café de sel
2,5 ml/¬Ω C. poivre fraîchement moulu
10 ml/2 cuillères à café de sucre

Mélanger tous les ingrédients et laisser macérer 3 heures. Faire frire ou griller sur un gril chaud pendant environ 5 minutes de chaque côté.

boeuf cantonais

pour 4 personnes

30 ml/2 cuillères à soupe de farine de maïs (amidon de maïs)
2 blancs d'œufs battus
1 lb/450 g de steak, coupé en lanières
huile de friture
4 branches de céleri, tranchées
2 oignons, tranchés
60 ml/4 cuillères à soupe d'eau
20 ml/4 cuillères à café de sel
75 ml/5 cuillères à soupe de sauce soja
60 ml/4 cuillères à soupe de vin de riz ou de xérès sec
30 ml/2 cuillères à soupe de sucre
poivre fraîchement moulu

Mélangez la moitié de la semoule de maïs avec les blancs d'œufs. Ajouter le steak et remuer pour enrober la viande de pâte. Faites chauffer l'huile et faites frire le filet jusqu'à ce qu'il soit doré. Retirer de la poêle et égoutter sur une serviette en papier. Faites chauffer 15 ml/1 cuillère à soupe d'huile et faites revenir le céleri et l'oignon pendant 3 minutes. Ajouter la viande, l'eau, le sel, la sauce soja, le vin ou le xérès et le sucre et assaisonner de poivre.

Porter à ébullition et cuire en remuant jusqu'à ce que la sauce épaississe.

Boeuf aux carottes

pour 4 personnes

30 ml/2 cuillères à soupe d'huile d'arachide (cacahuètes)
450 g de bœuf maigre coupé en dés
2 oignons verts (oignons), tranchés
2 gousses d'ail, hachées
1 tranche de racine de gingembre, hachée
250 ml/8 oz/1 tasse de sauce soja
30 ml/2 cuillères à soupe de vin de riz ou de xérès sec
30 ml/2 cuillères à soupe de cassonade
5 ml/1 cuillère à café de sel
Tasses d'eau 600 ml/1 pt/2 Ω
4 carottes, tranchées en diagonale

Faites chauffer l'huile et faites frire la viande jusqu'à ce qu'elle soit légèrement dorée. Égoutter l'excès d'huile et ajouter la ciboulette, l'ail, le gingembre et l'anis, faire revenir 2 minutes. Ajouter la sauce soja, le vin ou le xérès, le sucre et le sel et bien mélanger. Ajouter l'eau, porter à ébullition, couvrir et laisser mijoter 1 heure. Ajoutez les carottes, couvrez et laissez mijoter encore 30 minutes. Retirez le couvercle et laissez mijoter jusqu'à ce que la sauce réduise.

Bœuf aux noix de cajou

pour 4 personnes

60 ml/4 cuillères à soupe d'huile d'arachide
1 lb/450 g de bifteck de surlonge, tranché finement
8 oignons verts (oignons verts), coupés en morceaux
2 gousses d'ail, hachées
1 tranche de racine de gingembre, hachée
3 oz/75 g/¬œ tasse de noix de cajou grillées
120 ml/4 fl oz/¬Ω tasse d'eau
20 ml/4 cuillères à soupe de farine de maïs (amidon de maïs)
20 ml/4 cuillères à soupe de sauce soja
5 ml/1 cuillère à café d'huile de sésame
5 ml/1 cuillère à café de sauce aux huîtres
5 ml/1 cuillère à café de sauce piquante

Faites chauffer la moitié de l'huile et faites frire la viande jusqu'à ce qu'elle soit légèrement dorée. Retirer du moule. Faites chauffer le reste de l'huile et faites revenir les oignons nouveaux, l'ail, le gingembre et les noix de cajou pendant 1 minute. Remettez la viande dans la poêle. Mélangez le reste des ingrédients et mélangez le mélange dans la poêle. Porter à ébullition et cuire en remuant jusqu'à ce que le mélange épaississe.

cocotte de viande lente

pour 4 personnes

30 ml/2 cuillères à soupe d'huile d'arachide (cacahuètes)
1 lb/450 g de ragoût de bœuf, coupé en dés
3 tranches de racine de gingembre hachées
3 carottes, tranchées
1 navet, coupé en dés
15 ml/1 cuillère à soupe de dattes noires dénoyautées
15 ml / 1 cuillère à soupe de graines de lotus
30 ml/2 cuillères à soupe de purée de tomates (pâte)
10 ml/2 cuillères à soupe de sel
900 ml/1¬Ω points/3¬œ tasses de bouillon de bœuf
8 fl oz/1 tasse de vin de riz ou de xérès sec

Faites chauffer l'huile dans une casserole ou une poêle à frire épaisse et faites revenir la viande jusqu'à ce qu'elle soit dorée de tous les côtés.

Veau au chou-fleur

pour 4 personnes

8 oz/225 g de fleurons de chou-fleur
huile de friture
8 oz/225 g de bœuf, tranché
2 oz/50 g de pousses de bambou, coupées en lanières
10 châtaignes d'eau coupées en lanières
120 ml/4 fl oz/¬Ω tasse de bouillon de poulet
15 ml/1 cuillère à soupe de sauce soja
15 ml / 1 cuillère à soupe de sauce aux huîtres
15 ml/1 cuillère à soupe de purée de tomates (pâte)
15 ml/1 cuillère à soupe de farine de maïs (amidon de maïs)
2,5 ml/¬Ω c. d'huile de sésame

Faites bouillir le chou-fleur 2 minutes dans de l'eau bouillante, puis égouttez-le. Faites chauffer l'huile et faites revenir le chou-fleur jusqu'à ce qu'il soit légèrement doré. Retirer et égoutter sur du papier absorbant. Faites chauffer l'huile et faites frire la viande jusqu'à ce qu'elle soit légèrement dorée, puis retirez-la et égouttez-la. Versez tout sauf 15 ml d'huile et faites revenir les pousses de bambou et les châtaignes d'eau pendant 2 minutes. Ajouter le reste des ingrédients, porter à ébullition et cuire en remuant jusqu'à ce que la sauce épaississe. Remettez la viande et le chou-fleur dans la poêle et faites chauffer doucement. Sers immédiatement.

Boeuf au céleri

pour 4 personnes

4 oz/100 g de céleri, tranché
45 ml/3 cuillères à soupe d'huile d'arachide
2 oignons verts (oignons), hachés
1 tranche de racine de gingembre, hachée
225 g de bœuf maigre coupé en lanières
30 ml/2 cuillères à soupe de sauce soja
30 ml/2 cuillères à soupe de vin de riz ou de xérès sec
2,5 ml/¬Ω cuillère à café de sucre
2,5 ml/¬Ω cc de sel

Faire bouillir le céleri dans l'eau bouillante pendant 1 minute, puis bien l'égoutter. Faites chauffer l'huile et faites revenir l'oignon nouveau et le gingembre jusqu'à ce qu'ils soient légèrement dorés. Ajouter la viande et faire revenir 4 minutes. Ajouter le céleri et faire revenir 2 minutes. Ajouter la sauce soja, le vin ou le xérès, le sucre et le sel et faire sauter pendant 3 minutes.

Morceaux de boeuf sautés au céleri

pour 4 personnes

30 ml/2 cuillères à soupe d'huile d'arachide (cacahuètes)
1 lb/450 g de bœuf maigre, coupé en lanières
3 branches de céleri, râpées
1 oignon, râpé
1 oignon nouveau (oignon vert), tranché
1 tranche de racine de gingembre, hachée
30 ml/2 cuillères à soupe de sauce soja
15 ml / 1 cuillère à soupe de vin de riz ou de xérès sec
2,5 ml/¬Ω cuillère à café de sucre
2,5 ml/¬Ω cc de sel
10 ml/2 cuillères à café de semoule de maïs (amidon de maïs)
30 ml/2 cuillères à soupe d'eau

Faites chauffer la moitié de l'huile jusqu'à ce qu'elle soit très chaude et faites frire la viande pendant 1 minute jusqu'à ce qu'elle soit dorée. Retirer du moule. Faites chauffer le reste de l'huile et faites revenir le céleri, l'oignon, la ciboule et le gingembre jusqu'à ce qu'ils soient tendres. Remettez la viande dans la casserole avec la sauce soja, le vin ou le xérès, le sucre et le sel, portez à ébullition et faites chauffer. Mélangez la semoule de maïs et l'eau, remuez dans une casserole et laissez mijoter jusqu'à ce que la sauce épaississe. Sers immédiatement.

Bœuf effiloché au poulet et céleri

pour 4 personnes

4 champignons chinois séchés
45 ml/3 cuillères à soupe d'huile d'arachide
2 gousses d'ail, hachées
1 racine de gingembre tranchée, hachée
5 ml/1 cuillère à café de sel
4 oz/100 g de bœuf, tranché
4 oz/100 g de poulet, coupé en lanières
2 carottes, coupées en lanières
2 branches de céleri, coupées en lanières
4 oignons verts (oignons verts), coupés en lanières
5 ml/1 cuillère à café de sucre

5 ml/1 cuillère à café de sauce soja

5 ml/1 cuillère à café de vin de riz ou de xérès sec

45 ml/3 cuillères à soupe d'eau

5 ml/1 cuillère à café de farine de maïs (amidon de maïs)

Faites tremper les champignons dans de l'eau tiède pendant 30 minutes, puis égouttez-les. Jetez les tiges et coupez les chapeaux. Faites chauffer l'huile et faites revenir l'ail, le gingembre et le sel jusqu'à ce qu'ils soient légèrement dorés. Ajoutez le bœuf et le poulet et faites revenir jusqu'à ce qu'ils commencent à dorer. Ajouter le céleri, la ciboule, le sucre, la sauce soja, le vin ou le xérès et l'eau et porter à ébullition. Couvrir et laisser mijoter environ 15 minutes jusqu'à ce que la viande soit tendre. La farine de maïs est mélangée avec un peu d'eau, ajoutée à la sauce et cuite en remuant jusqu'à ce que la sauce épaississe.

boeuf assaisonné

pour 4 personnes

1 lb/450 g de surlonge, coupé en lanières

45 ml/3 cuillères à soupe de sauce soja

15 ml / 1 cuillère à soupe de vin de riz ou de xérès sec

15 ml / 1 cuillère à soupe de cassonade

15 ml/1 cuillère à soupe de racine de gingembre finement hachée

30 ml/2 cuillères à soupe d'huile d'arachide (cacahuètes)

2 oz/50 g de pousses de bambou, coupées en allumettes

1 oignon, coupé en lanières

1 branche de céleri, coupée en allumettes

2 piments rouges épépinés et coupés en lanières

120 ml/4 fl oz/¬Ω tasse de bouillon de poulet

15 ml/1 cuillère à soupe de farine de maïs (amidon de maïs)

Placez le steak dans un bol. Mélangez la sauce soja, le vin ou le xérès, le sucre et le gingembre et incorporez-les au steak. Laisser mariner 1 heure. Retirez le steak de la marinade. Faites chauffer la moitié de l'huile et faites revenir les pousses de bambou, l'oignon, le céleri et le piment pendant 3 minutes, puis retirez-les de la poêle. Faites chauffer le reste de l'huile et faites dorer le steak pendant 3 minutes. Ajouter la marinade, porter à ébullition et ajouter les légumes sautés. Cuire à feu doux en remuant pendant 2 minutes. Incorporer le bouillon et la semoule de maïs et ajouter à la poêle. Porter à ébullition et cuire en remuant jusqu'à ce que la sauce s'éclaircisse et épaississe.

Boeuf au chou chinois

pour 4 personnes

8 oz/225 g de bœuf maigre

30 ml/2 cuillères à soupe d'huile d'arachide (cacahuètes)

12 oz/350 g de chou chinois, râpé

120 ml/4 fl oz/¬Ω tasse de bouillon de bœuf

sel et poivre fraîchement moulu

10 ml/2 cuillères à café de semoule de maïs (amidon de maïs)

30 ml/2 cuillères à soupe d'eau

Tranchez finement le bœuf contre le grain. Faites chauffer l'huile et faites frire la viande jusqu'à ce qu'elle soit dorée. Ajouter le bok choy et faire sauter jusqu'à ce qu'il soit ramolli. Ajouter le bouillon, porter à ébullition et assaisonner de sel et de poivre. Couvrir et cuire 4 minutes jusqu'à ce que la viande soit tendre. Mélangez la semoule de maïs et l'eau, versez dans une casserole et faites cuire à feu doux en remuant jusqu'à ce que la sauce épaississe.

Côtelette de bœuf Suey

pour 4 personnes

3 branches de céleri, tranchées

4 oz/100 g de germes de soja

100 g de fleurons de brocoli

60 ml/4 cuillères à soupe d'huile d'arachide

3 oignons verts (oignons), hachés

2 gousses d'ail, hachées

1 tranche de racine de gingembre, hachée

225 g de bœuf maigre coupé en lanières

45 ml/3 cuillères à soupe de sauce soja

15 ml / 1 cuillère à soupe de vin de riz ou de xérès sec
5 ml/1 cuillère à café de sel
2,5 ml/½ cuillère à café de sucre
poivre fraîchement moulu
15 ml/1 cuillère à soupe de farine de maïs (amidon de maïs)

Blanchir le céleri, les germes de soja et le brocoli dans l'eau bouillante pendant 2 minutes, puis égoutter et sécher. Faites chauffer 3 cuillères à soupe/45 ml d'huile et faites revenir l'oignon nouveau, l'ail et le gingembre jusqu'à ce qu'ils soient légèrement dorés. Ajouter la viande et faire revenir 4 minutes. Retirer du moule. Faites chauffer le reste de l'huile et faites revenir les légumes pendant 3 minutes. Ajoutez la viande, la sauce soja, le vin ou le xérès, le sel, le sucre et une pincée de poivre et laissez mijoter 2 minutes. Mélangez la semoule de maïs avec un peu d'eau, versez dans la casserole et faites cuire à feu doux en remuant jusqu'à ce que la sauce s'éclaircisse et épaississe.

boeuf aux concombres

pour 4 personnes

1 lb/450 g de bifteck de surlonge, tranché finement
45 ml/3 cuillères à soupe de sauce soja
30 ml/2 cuillères à soupe de farine de maïs (amidon de maïs)
60 ml/4 cuillères à soupe d'huile d'arachide
2 concombres pelés, dénoyautés et tranchés
60 ml/4 cuillères à soupe de bouillon de poulet
30 ml/2 cuillères à soupe de vin de riz ou de xérès sec
sel et poivre fraîchement moulu

Placez le steak dans un bol. Mélangez la sauce soja et la semoule de maïs et incorporez-les au steak. Laisser mariner 30 minutes. Faites chauffer la moitié de l'huile et faites revenir les concombres pendant 3 minutes jusqu'à ce qu'ils soient opaques, puis retirez-les de la poêle. Faites chauffer le reste de l'huile et saisissez le steak jusqu'à ce qu'il soit doré. Ajouter les concombres et faire revenir 2 minutes. Ajoutez du bouillon, du vin ou du xérès et assaisonnez de sel et de poivre. Portez à ébullition, couvrez et laissez cuire à feu doux pendant 3 minutes.

plat de boeuf

pour 4 personnes

750 g/1 ½ lb de surlonge

2 oignons

45 ml/3 cuillères à soupe de sauce soja

45 ml/3 cuillères à soupe de vin de riz ou de xérès sec

15 ml / 1 cuillère à soupe de beurre de cacahuète

5 ml/1 cuillère à café de jus de citron

12 oz/350 g de nouilles aux œufs

60 ml/4 cuillères à soupe d'huile d'arachide

6 fl oz/¾ tasse/175 ml de bouillon de poulet

15 ml/1 cuillère à soupe de farine de maïs (amidon de maïs)

30 ml/2 cuillères à soupe de sauce aux huîtres

4 oignons verts (oignons), hachés

3 branches de céleri, tranchées

4 oz/100 g de champignons, tranchés

1 poivron vert, coupé en lanières

4 oz/100 g de germes de soja

Coupez et jetez le gras de la viande. Couper à contre-courant en fines tranches. Tranchez l'oignon et séparez les couches. Mélangez 15 ml/1 cuillère à soupe de sauce soja avec 15 ml/1 cuillère à soupe de vin ou de xérès, du beurre de cacahuète et du jus de citron. Ajoutez la viande, couvrez et laissez reposer 1 heure. Cuire les nouilles dans l'eau bouillante pendant environ 5 minutes ou jusqu'à ce qu'elles soient tendres. Bien égoutter. Faites chauffer 15 ml/1 cuillère à soupe d'huile, ajoutez 15 ml/1 cuillère à soupe de sauce soja et les nouilles et faites frire pendant 2 minutes jusqu'à ce qu'elles soient légèrement dorées. Transférer dans un plat de service chaud.

Mélangez le reste de la sauce soja et le vin ou le xérès avec le bouillon, la semoule de maïs et la sauce aux huîtres. Faites chauffer 15 ml/1 cuillère à soupe d'huile et faites revenir l'oignon pendant 1 minute. Ajouter le céleri, les champignons, le poivron et les germes de soja et faire sauter pendant 2 minutes. Retirer du wok. Faites chauffer le reste de l'huile et faites dorer la viande jusqu'à ce qu'elle soit dorée. Ajouter le bouillon, porter à ébullition, couvrir et laisser mijoter 3 minutes. Remettez les légumes dans le wok et faites cuire à feu doux, en remuant, jusqu'à ce qu'ils soient bien chauds, environ 4 minutes. Versez le mélange sur les nouilles et servez.

steak de concombre

pour 4 personnes
1 lb/450 g de lanières de surlonge

10 ml/2 cuillères à café de semoule de maïs (amidon de maïs)

10 ml/2 cuillères à café de sel

2,5 ml/¬Ω C. poivre fraîchement moulu

90 ml/6 cuillères à soupe d'huile d'arachide (cacahuètes)

1 oignon, finement haché

1 concombre, pelé et tranché

120 ml/4 fl oz/¬Ω tasse de bouillon de bœuf

Coupez le steak en lanières puis en fines tranches à contre-courant. Mettez-le dans un bol et ajoutez le maïs, le sel, le poivre et la moitié de l'huile. Laisser mariner 30 minutes. Faites chauffer le reste de l'huile et faites revenir la viande et l'oignon jusqu'à ce qu'ils soient légèrement dorés. Ajouter les concombres et le bouillon, porter à ébullition, couvrir et laisser mijoter 5 minutes.

Curry de bœuf au four

pour 4 personnes

45 ml/3 cuillères à soupe de beurre

15 ml/1 cuillère à soupe de curry en poudre

3 cuillères à soupe/45 ml de farine nature (tout usage)

Tasses à lait 13 fl oz/375 ml 1 Ω

15 ml/1 cuillère à soupe de sauce soja

sel et poivre fraîchement moulu

1 lb/450 g de bœuf haché cuit

100 g de petits pois

2 carottes, hachées

2 oignons, hachés

8 oz/225 g de riz à grains longs, cuit, chaud

1 œuf dur, tranché

Faire fondre le beurre, ajouter le curry et la farine et cuire 1 minute. Ajouter le lait et la sauce soja, porter à ébullition et cuire 2 minutes en remuant. Assaisonnez avec du sel et du poivre. Ajouter la viande, les petits pois, les carottes et les oignons et bien mélanger pour bien les enrober de sauce. Ajouter le riz, puis transférer le mélange sur une plaque à pâtisserie et cuire au four préchauffé à 200∞C/400∞F/thermostat 6 pendant 20 minutes, jusqu'à ce que les légumes soient tendres. Il est servi dessus avec des œufs durs tranchés.

ormeau mariné

pour 4 personnes

1 lb/450 g d'ormeau en conserve

45 ml/3 cuillères à soupe de sauce soja

30 ml/2 cuillères à soupe de vinaigre de vin

5 ml/1 cuillère à café de sucre

quelques gouttes d'huile de sésame

Égouttez l'ormeau et coupez-le en fines tranches ou en lanières. Mélanger le reste des ingrédients, verser sur l'ormeau et bien mélanger. Couvrir et réfrigérer 1 heure.

Compote de pousses de bambou

pour 4 personnes

60 ml/4 cuillères à soupe d'huile d'arachide
8 oz/225 g de pousses de bambou, coupées en lanières
60 ml/4 cuillères à soupe de bouillon de poulet
15 ml/1 cuillère à soupe de sauce soja
5 ml/1 cuillère à café de sucre
5 ml/1 cuillère à café de vin de riz ou de xérès sec

Faites chauffer l'huile et faites frire les pousses de bambou pendant 3 minutes. Mélangez le bouillon, la sauce soja, le sucre et le vin ou le xérès et ajoutez-les à la poêle. Couvrir et cuire à feu doux pendant 20 minutes. Laisser refroidir et réfrigérer avant de servir.

bébés concombres

pour 4 personnes

1 concombre pelé et dénoyauté
8 oz/225 g de poulet cuit, râpé
5 ml/1 cuillère à café de moutarde en poudre
2,5 ml/¬Ω cc de sel
30 ml/2 cuillères à soupe de vinaigre de vin

Coupez le concombre en lanières et placez-le sur une assiette de service plate. Mettez le poulet dessus. Mélangez la moutarde, le sel et le vinaigre de vin et versez sur le poulet juste avant de servir.

Poulet au sésame

pour 4 personnes

12 oz/350 g de poulet cuit
120 ml/4 fl oz/¬Ω tasse d'eau
5 ml/1 cuillère à café de moutarde en poudre
15 ml / 1 cuillère à soupe de graines de sésame
2,5 ml/¬Ω cc de sel
une pincée de sucre
45 ml/3 cuillères à soupe de coriandre fraîche hachée
5 oignons verts (oignons), hachés
¬Ω laitue, râpée

Déchirez le poulet en fines lanières. Mélangez suffisamment d'eau à la moutarde pour obtenir une pâte lisse et incorporez-la au poulet. Faites griller les graines de sésame dans une poêle sèche jusqu'à ce qu'elles soient légèrement dorées, puis ajoutez-les au poulet et saupoudrez de sel et de sucre. Ajoutez la moitié du persil et de la ciboulette et mélangez bien. Disposer la laitue sur un plat de service, garnir du mélange de poulet et garnir du persil restant.

Litchis au gingembre

pour 4 personnes

1 grosse pastèque, coupée en deux et épépinée
1 lb/450 g de litchis en conserve, égouttés
5 cm / 2 po de tige de gingembre, tranchée
quelques feuilles de menthe

Couvrir les moitiés de melon de litchis et de gingembre, décorer de feuilles de menthe. Réfrigérer avant de servir.

Ailes de poulet cuites en rouge

pour 4 personnes

8 ailes de poulet

2 oignons verts (oignons), hachés

75 ml/5 cuillères à soupe de sauce soja

120 ml/4 fl oz/¬Ω tasse d'eau

30 ml/2 cuillères à soupe de cassonade

Coupez et jetez les extrémités des os des ailes de poulet et coupez-les en deux. Mettre dans une casserole avec le reste des ingrédients, porter à ébullition, couvrir et laisser mijoter 30 minutes. Retirez le couvercle et laissez cuire encore 15 minutes en arrosant souvent. Laisser refroidir, puis réfrigérer avant de servir.

Chair de crabe au concombre

pour 4 personnes

4 oz/100 g de chair de crabe, râpée
2 concombres, nettoyés et râpés
1 tranche de racine de gingembre, hachée
15 ml/1 cuillère à soupe de sauce soja
30 ml/2 cuillères à soupe de vinaigre de vin
5 ml/1 cuillère à café de sucre
quelques gouttes d'huile de sésame

Mettez la chair de crabe et le concombre dans un bol. Mélanger le reste des ingrédients, verser sur le mélange de chair de crabe et bien mélanger. Couvrir et réfrigérer 30 minutes avant de servir.

Champignons marinés

pour 4 personnes

8 oz/225 g de champignons

30 ml/2 cuillères à soupe de sauce soja

15 ml / 1 cuillère à soupe de vin de riz ou de xérès sec

pincée de sel

quelques gouttes de sauce tabasco

quelques gouttes d'huile de sésame

Faites blanchir les champignons dans l'eau bouillante pendant 2 minutes, puis égouttez-les et séchez-les. Placer dans un bol et verser sur le reste des ingrédients. Bien mélanger et réfrigérer avant de servir.

Champignons à l'ail mariné

pour 4 personnes

8 oz/225 g de champignons

3 gousses d'ail, émincées

30 ml/2 cuillères à soupe de sauce soja

30 ml/2 cuillères à soupe de vin de riz ou de xérès sec

15 ml/1 cuillère à soupe d'huile de sésame

pincée de sel

Mettez les champignons et l'ail dans une passoire, versez dessus de l'eau bouillante et laissez reposer 3 minutes. Égoutter et bien sécher. Mélangez le reste des ingrédients, versez la marinade sur les champignons et laissez mariner 1 heure.

Crevettes et chou-fleur

pour 4 personnes

8 oz/225 g de fleurons de chou-fleur

100 g de crevettes décortiquées

15 ml/1 cuillère à soupe de sauce soja

5 ml/1 cuillère à café d'huile de sésame

Cuire partiellement le chou-fleur pendant environ 5 minutes jusqu'à ce qu'il soit tendre mais encore croustillant. Mélanger avec les crevettes, saupoudrer de sauce soja et d'huile de sésame et mélanger. Réfrigérer avant de servir.

Bâtonnets de jambon au sésame

pour 4 personnes

225 g de jambon coupé en lanières
10 ml/2 cuillères à café de sauce soja
2,5 ml/¬Ω c. d'huile de sésame

Disposez le jambon sur un plat de service. Mélangez la sauce soja et l'huile de sésame, saupoudrez sur le jambon et servez.

tofu froid

pour 4 personnes

1 kilogramme/450 g de tofu, tranché
45 ml/3 cuillères à soupe de sauce soja
45 ml/3 cuillères à soupe d'huile d'arachide
poivre fraîchement moulu

Placer le tofu, quelques tranches à la fois, dans une passoire et plonger dans l'eau bouillante pendant 40 secondes, puis égoutter et disposer sur un plat de service. Laissez-le refroidir. Mélanger la sauce soja et l'huile, saupoudrer de tofu et servir saupoudré de poivre.

poulet au bacon

pour 4 personnes

8 oz/225 g de poulet, tranché très finement
75 ml/5 cuillères à soupe de sauce soja
15 ml / 1 cuillère à soupe de vin de riz ou de xérès sec
1 gousse d'ail, écrasée
15 ml / 1 cuillère à soupe de cassonade
5 ml/1 cuillère à café de sel
5 ml/1 cuillère à café de racine de gingembre hachée
8 oz/225 g de bacon maigre, coupé en dés
4 oz/100 g de châtaignes d'eau, tranchées très finement
30 ml/2 cuillères à soupe de miel

Placer le poulet dans un bol. Mélangez 45 ml/3 cuillères à soupe de sauce soja avec le vin ou le xérès, l'ail, le sucre, le sel et le gingembre, versez sur le poulet et laissez mariner environ 3 heures. Disposez le poulet, les lardons et les marrons sur les brochettes de kebab. Mélangez le reste de la sauce soja avec le miel et badigeonnez les brochettes. Griller sous un gril chaud pendant environ 10 minutes jusqu'à ce qu'ils soient bien cuits, en les retournant fréquemment et en les arrosant de glaçage supplémentaire pendant la cuisson.

Frites de poulet et banane

pour 4 personnes

2 poitrines de poulet bouillies

2 bananes fermes

6 tranches de pain

4 œufs

120 ml/4 fl oz/¬Ω tasse de lait

50 g/2 oz/¬Ω tasse de farine nature (tout usage)

8 oz/225 g/4 tasses de chapelure fraîche

huile de friture

Coupez le poulet en 24 morceaux. Épluchez les plantains et coupez-les en quartiers dans le sens de la longueur. Coupez chaque quartier en trois pour obtenir 24 morceaux. Retirez la croûte du pain et coupez-le en quartiers. Battez les œufs et le lait et badigeonnez un côté du pain. Placez un morceau de poulet et un morceau de plantain sur le côté recouvert d'œuf de chaque morceau de pain. Enduisez légèrement les carrés de farine, puis plongez-les dans l'œuf et recouvrez de chapelure. Tremper à nouveau dans l'œuf et la chapelure. Faites chauffer l'huile et faites frire quelques carrés à la fois jusqu'à ce qu'ils soient dorés. Égoutter sur du papier absorbant avant de servir.

Poulet au gingembre et champignons

pour 4 personnes

8 oz/225 g de filets de poitrine de poulet

5 ml/1 cuillère à café de poudre de cinq épices

15 ml/1 cuillère à soupe de farine nature (tout usage)

120 ml/4 fl oz/¬Ω tasse d'huile d'arachide

4 échalotes, coupées en deux

1 gousse d'ail, tranchée

1 tranche de racine de gingembre, hachée

1 oz/25 g/¬° tasse de noix de cajou

5 ml/1 cuillère à café de miel

15 ml / 1 cuillère de farine de riz

75 ml/5 cuillères à soupe de vin de riz ou de xérès sec

4 oz/100 g de champignons, coupés en quartiers

2,5 ml/¬Ω C. Curcuma

6 poivrons jaunes, coupés en deux

5 ml/1 cuillère à café de sauce soja

jus de citron ¬Ω

sel et poivre

4 feuilles de laitue croustillantes

Coupez la poitrine de poulet en diagonale dans le sens du grain en fines lanières. Saupoudrer de poudre de cinq épices et enrober légèrement de farine. Faites chauffer 15 ml/1 cuillère à soupe d'huile et faites frire le poulet jusqu'à ce qu'il soit doré. Retirer du moule. Faites chauffer un peu d'huile et faites revenir l'échalote, l'ail, le gingembre et la noix de cajou pendant 1 minute. Ajouter le miel et remuer jusqu'à ce que les légumes soient enrobés. Saupoudrer de farine, puis ajouter le vin ou le xérès. Ajouter les champignons, le curcuma et les poivrons et cuire 1 minute. Ajouter le poulet, la sauce soja, la moitié du jus de citron, le sel et le poivre et faire chauffer. Retirer de la poêle et réserver au chaud. Faites chauffer un peu d'huile, ajoutez les feuilles de salade verte et faites revenir rapidement,

poulet et jambon

pour 4 personnes

8 oz/225 g de poulet, tranché très finement
75 ml/5 cuillères à soupe de sauce soja
15 ml / 1 cuillère à soupe de vin de riz ou de xérès sec
15 ml / 1 cuillère à soupe de cassonade
5 ml/1 cuillère à café de racine de gingembre hachée
1 gousse d'ail, écrasée
8 oz/225 g de jambon cuit en dés
30 ml/2 cuillères à soupe de miel

Mettez le poulet dans un bol avec 3 cuillères à soupe/45 ml de sauce soja, du vin ou du xérès, du sucre, du gingembre et de l'ail. Laissez mariner 3 heures. Disposez le poulet et le jambon sur les brochettes de kebab. Mélangez le reste de la sauce soja avec le miel et badigeonnez les brochettes. Faire griller sous un gril chaud pendant environ 10 minutes, en les retournant souvent et en les arrosant de glaçage pendant la cuisson.

Foies de poulet grillés

pour 4 personnes

450 g de foie de volaille
45 ml/3 cuillères à soupe de sauce soja
15 ml / 1 cuillère à soupe de vin de riz ou de xérès sec
15 ml / 1 cuillère à soupe de cassonade
5 ml/1 cuillère à café de sel
5 ml/1 cuillère à café de racine de gingembre hachée
1 gousse d'ail, écrasée

Faites cuire les foies de volaille à la vapeur dans l'eau bouillante pendant 2 minutes, puis égouttez-les bien. Mettre dans un bol avec tous les ingrédients restants sauf l'huile et laisser mariner environ 3 heures. Placer les foies de volaille sur les brochettes de kebab et les faire griller sous le grill chaud pendant environ 8 minutes jusqu'à ce qu'ils soient dorés.

Quenelles de crabe aux châtaignes d'eau

pour 4 personnes

1 kilogramme/450 g de chair de crabe hachée
100 g de châtaignes d'eau hachées
1 gousse d'ail, écrasée
1 cm/¬Ω racine de gingembre tranchée, hachée
45 ml/3 cuillères à soupe de farine de maïs (amidon de maïs)
30 ml/2 cuillères à soupe de sauce soja
15 ml / 1 cuillère à soupe de vin de riz ou de xérès sec
5 ml/1 cuillère à café de sel
5 ml/1 cuillère à café de sucre
3 oeufs battus
huile de friture

Mélangez tous les ingrédients sauf l'huile et formez des petites boules. Faites chauffer l'huile et faites frire les boulettes de crabe jusqu'à ce qu'elles soient dorées. Bien égoutter avant de servir.

dim sum

pour 4 personnes

100 g de crevettes décortiquées, hachées

8 oz/225 g de porc maigre, finement haché

50 g de bok choy finement haché

3 oignons verts (oignons), hachés

1 œuf battu

30 ml/2 cuillères à soupe de farine de maïs (amidon de maïs)

10 ml/2 cuillères à café de sauce soja

5 ml/1 cuillère à café d'huile de sésame

5 ml/1 cuillère à café de sauce aux huîtres

24 peaux de wonton

huile de friture

Mélanger les crevettes, le porc, le chou et les oignons nouveaux. Mélanger l'œuf, la semoule de maïs, la sauce soja, l'huile de sésame et la sauce d'huître. Versez le mélange au centre de chaque peau de wonton. Appuyez doucement sur les emballages autour de la garniture, en rapprochant les bords mais en laissant le dessus ouvert. Faites chauffer l'huile et faites frire les dim sum petit à petit jusqu'à ce qu'ils soient dorés. Bien égoutter et servir chaud.

Rouleaux de jambon et de poulet

pour 4 personnes

2 poitrines de poulet

1 gousse d'ail, écrasée

2,5 ml/¬Ω cc de sel

2,5 ml/¬Ω c. poudre aux cinq épices

4 tranches de jambon cuit

1 œuf battu

30 ml/2 cuillères à soupe de lait

1 oz/¬° tasse de farine nature (tout usage)

4 peaux de rouleaux de printemps

huile de friture

Coupez la poitrine de poulet en deux. Broyez-les jusqu'à ce qu'ils soient très fins. Mélanger l'ail, le sel et la poudre aux cinq épices et saupoudrer sur le poulet. Déposez une tranche de jambon sur chaque morceau de poulet et roulez bien. Mélangez l'œuf et le lait. Enrobez légèrement les morceaux de poulet de farine, puis trempez-les dans le mélange d'œufs. Disposez chaque morceau sur un papier sulfurisé et badigeonnez les bords d'oeuf battu. Pliez les côtés, puis roulez ensemble en pinçant les bords pour sceller. Faites chauffer l'huile et faites frire les petits pains pendant environ 5 minutes jusqu'à ce qu'ils soient dorés.

brun et bien cuit. Égoutter sur du papier absorbant, puis couper en tranches épaisses en diagonale pour servir.

Petits pains au four avec du jambon

pour 4 personnes

12 oz/350 g/3 tasses de farine nature (tout usage)

6 oz/¬œ tasse de beurre

120 ml/4 fl oz/¬Ω tasse d'eau

8 oz/225 g de jambon haché

100 g de pousses de bambou hachées

2 oignons verts (oignons), hachés

15 ml/1 cuillère à soupe de sauce soja

30 ml/2 cuillères à soupe de graines de sésame

Mettez la farine dans un bol et frottez-la avec le beurre. Mélangez l'eau pour former une pâte. Étalez la pâte et découpez des cercles de 5 cm/2. Mélangez tous les ingrédients restants sauf les graines de sésame et déposez-en une cuillerée sur chaque cercle. Badigeonner les bords de la pâte d'eau et sceller. Badigeonner l'extérieur d'eau et saupoudrer de graines de sésame. Cuire au four préchauffé à 180°C/350°F/thermostat 4 pendant 30 minutes.

Poisson pseudo-fumé

pour 4 personnes

1 bar

3 tranches de racine de gingembre, tranchées

1 gousse d'ail, écrasée

1 oignon nouveau (oignon vert), tranché épaisse

75 ml/5 cuillères à soupe de sauce soja

30 ml/2 cuillères à soupe de vin de riz ou de xérès sec

2,5 ml/½ cuillère à café d'anis moulu

2,5 ml/½ c. d'huile de sésame

10 ml/2 cuillères à café de sucre

120 ml/4 fl oz/½ tasse de bouillon

huile de friture

5 ml/1 cuillère à café de farine de maïs (amidon de maïs)

Parez le poisson et coupez-le en tranches de 5 mm (¼ pouces) dans le sens contraire du grain. Mélangez le gingembre, l'ail, la ciboule, 4 cuillères à soupe/60 ml de sauce soja, le xérès, l'anis et l'huile de sésame. Versez sur le poisson et mélangez délicatement. Laissez-les reposer 2 heures en les retournant de temps en temps.

Égoutter la marinade dans une casserole et sécher le poisson sur du papier absorbant. Ajouter le sucre, le bouillon et le reste de la sauce soja

marinade, porter à ébullition et laisser mijoter 1 minute. Si la sauce a besoin d'épaissir, mélangez la semoule de maïs avec un peu d'eau froide, incorporez-la à la sauce et faites cuire en remuant jusqu'à ce que la sauce épaississe.

Pendant ce temps, faites chauffer l'huile et faites frire le poisson jusqu'à ce qu'il soit doré. Bien égoutter. Trempez les morceaux de poisson dans la marinade et disposez-les sur un plat de service chaud. Servir chaud ou froid.

Champignons farcis

pour 4 personnes

12 grosses têtes de champignons séchés
8 oz/225 g de chair de crabe
3 châtaignes d'eau hachées
2 oignons verts (oignons), finement hachés
1 blanc d'oeuf
15 ml/1 cuillère à soupe de farine de maïs (amidon de maïs)
15 ml/1 cuillère à soupe de sauce soja
15 ml / 1 cuillère à soupe de vin de riz ou de xérès sec

Faire tremper les champignons dans de l'eau tiède toute la nuit. Presser pour sécher. Mélanger le reste des ingrédients et utiliser pour remplir les chapeaux de champignons. Placer sur une grille vapeur et cuire à la vapeur pendant 40 minutes. Il est servi chaud.

Champignons à la sauce d'huîtres

pour 4 personnes

10 champignons chinois séchés
8 fl oz/1 tasse de bouillon de bœuf
15 ml/1 cuillère à soupe de farine de maïs (amidon de maïs)
30 ml/2 cuillères à soupe de sauce aux huîtres
5 ml/1 cuillère à café de vin de riz ou de xérès sec

Faire tremper les champignons dans l'eau tiède pendant 30 minutes, puis égoutter en réservant 8 fl oz/250 ml/1 tasse de liquide de trempage. Jetez les tiges. Mélangez 60 ml/4 cuillères à soupe de bouillon de bœuf avec la crème jusqu'à obtenir une pâte. Portez à ébullition le reste du bouillon de bœuf avec les champignons et le liquide des champignons, couvrez et laissez mijoter 20 minutes. Retirez les champignons du liquide à l'aide d'une écumoire et placez-les sur une assiette de service chaude. Ajouter la sauce aux huîtres et le xérès dans la poêle et cuire en remuant pendant 2 minutes. Ajouter la pâte de maïs et cuire à feu doux en remuant jusqu'à ce que la sauce épaississe. Versez sur les champignons et servez aussitôt.

Rouleaux de porc et laitue

pour 4 personnes

4 champignons chinois séchés
15 ml/1 cuillère à soupe d'huile d'arachide
8 oz/225 g de porc maigre, haché
100 g de pousses de bambou hachées
100 g de châtaignes d'eau hachées
4 oignons verts (oignons), hachés
6 oz/175 g de chair de crabe, râpée
30 ml/2 cuillères à soupe de vin de riz ou de xérès sec
15 ml/1 cuillère à soupe de sauce soja
10 ml/2 cuillères à café de sauce aux huîtres
10 ml/2 cuillères à café d'huile de sésame
9 feuilles chinoises

Faites tremper les champignons dans de l'eau tiède pendant 30 minutes, puis égouttez-les. Jetez les tiges et coupez les chapeaux. Faites chauffer l'huile et saisissez le porc pendant 5 minutes. Ajoutez les champignons, les pousses de bambou, les châtaignes d'eau, les oignons verts et la chair de crabe et faites revenir 2 minutes. Mélangez le vin ou le xérès, la sauce soja, la sauce aux huîtres et l'huile de sésame et remuez dans la poêle. Sortez du feu. Pendant ce temps, faites bouillir les feuilles de chinois dans l'eau bouillante pendant 1 minute, puis

fuite Placer des cuillerées de mélange de porc au centre de chaque feuille, replier les côtés, puis rouler pour servir.

Boulettes de porc et châtaignes

pour 4 personnes

1 kilogramme/450 g de porc haché (haché)
2 oz/50 g de champignons, finement hachés
2 oz/50 g de châtaignes d'eau, hachées finement
1 gousse d'ail, écrasée
1 œuf battu
30 ml/2 cuillères à soupe de sauce soja
15 ml / 1 cuillère à soupe de vin de riz ou de xérès sec
5 ml/1 cuillère à café de racine de gingembre hachée
5 ml/1 cuillère à café de sucre
sel
30 ml/2 cuillères à soupe de farine de maïs (amidon de maïs)
huile de friture

Mélangez tous les ingrédients sauf la semoule de maïs et formez des boules avec le mélange. Enrober de semoule de maïs. Faites chauffer l'huile et faites frire les boulettes de viande pendant environ 10 minutes jusqu'à ce qu'elles soient dorées. Bien égoutter avant de servir.

Dumplings au porc

Pour 4-6

1 lb/450 g de farine nature (tout usage)

500 ml/17 fl oz/2 tasses d'eau

1 lb/450 g de porc cuit, haché

8 oz/225 g de crevettes décortiquées, coupées en dés

4 branches de céleri hachées

15 ml/1 cuillère à soupe de sauce soja

15 ml / 1 cuillère à soupe de vin de riz ou de xérès sec

15 ml/1 cuillère à soupe d'huile de sésame

5 ml/1 cuillère à café de sel

2 oignons verts (oignons), finement hachés

2 gousses d'ail, hachées

1 tranche de racine de gingembre, hachée

Mélanger la farine et l'eau pour obtenir une pâte lisse et bien pétrir. Couvrir et laisser reposer 10 minutes. Abaissez la pâte le plus finement possible et découpez des cercles de 5 cm/2. Mélangez tous les ingrédients restants. Déposez des cuillerées de mélange dans chaque cercle, humidifiez les bords et scellez en demi-cercle. Portez une casserole d'eau à ébullition, puis placez délicatement les boulettes de viande dans l'eau.

Boulettes de porc et de bœuf

pour 4 personnes

100 g/4 oz de porc haché (haché)

4 oz/100 g de bœuf (haché)

1 tranche de bacon rayé, haché (moulu)

15 ml/1 cuillère à soupe de sauce soja

sel et poivre

1 œuf battu

30 ml/2 cuillères à soupe de farine de maïs (amidon de maïs)

huile de friture

Mélangez la viande hachée et le bacon et assaisonnez de sel et de poivre. Mélangez avec l'œuf, formez des boules de la taille d'une noix et saupoudrez de semoule de maïs. Faites chauffer l'huile et faites-la frire jusqu'à ce qu'elle soit dorée. Bien égoutter avant de servir.

Crevette papillon

pour 4 personnes

1 lb/450 g de grosses crevettes à carapace
15 ml/1 cuillère à soupe de sauce soja
5 ml/1 cuillère à café de vin de riz ou de xérès sec
5 ml/1 cuillère à café de racine de gingembre hachée
2,5 ml/½ cc de sel
2 oeufs battus
30 ml/2 cuillères à soupe de farine de maïs (amidon de maïs)
15 ml/1 cuillère à soupe de farine nature (tout usage)
huile de friture

Coupez les crevettes en deux sur le dos et étalez-les en forme de papillon. Mélangez la sauce soja, le vin ou le xérès, le gingembre et le sel. Versez sur les crevettes et laissez mariner 30 minutes. Retirer de la marinade et sécher. Battez l'œuf avec la fécule de maïs et la farine pour former une pâte et plongez les crevettes dans la pâte. Faites chauffer l'huile et faites frire les crevettes jusqu'à ce qu'elles soient dorées. Bien égoutter avant de servir.

Crevettes chinoises

pour 4 personnes

1 lb/450 g de crevettes décortiquées
30 ml/2 cuillères à soupe de sauce Worcestershire
15 ml/1 cuillère à soupe de sauce soja
15 ml / 1 cuillère à soupe de vin de riz ou de xérès sec
15 ml / 1 cuillère à soupe de cassonade

Placez les crevettes dans un bol. Mélangez le reste des ingrédients, versez sur les crevettes et laissez mariner 30 minutes. Transférer sur une plaque à pâtisserie et cuire au four préchauffé à 150°C/300°F/thermostat 2 pendant 25 minutes. Servir tiède ou froid dans des coquilles que les invités pourront décorer eux-mêmes.

Craquelins aux crevettes

pour 4 personnes

4 oz/100 g de craquelins aux crevettes
huile de friture

Faites chauffer l'huile jusqu'à ce qu'elle soit très chaude. Ajoutez une poignée de crackers aux crevettes à la fois et faites frire pendant quelques secondes jusqu'à ce qu'ils soient gonflés. Retirer de l'huile et égoutter sur une serviette en papier pendant que vous continuez à faire frire les biscuits.

Crevettes croustillantes

pour 4 personnes

1 lb/450 g de crevettes tigrées non décortiquées

15 ml / 1 cuillère à soupe de vin de riz ou de xérès sec

10 ml/2 cuillères à café de sauce soja

5 ml/1 cuillère à café de poudre de cinq épices

sel et poivre

90 ml/6 cuillères à soupe de farine de maïs (amidon de maïs)

2 oeufs battus

100 g de chapelure

huile d'arachide pour la friture

Mélangez les crevettes avec le vin ou le xérès, la sauce soja et la poudre de cinq épices et assaisonnez de sel et de poivre. Saupoudrez-les de semoule de maïs puis badigeonnez-les d'œuf battu et de chapelure. Faites-les frire dans beaucoup d'huile chaude pendant quelques minutes jusqu'à ce qu'ils soient légèrement dorés, égouttez-les et servez immédiatement.

Crevettes sauce gingembre

pour 4 personnes

15 ml/1 cuillère à soupe de sauce soja
5 ml/1 cuillère à café de vin de riz ou de xérès sec
5 ml/1 cuillère à café d'huile de sésame
450 g de crevettes décortiquées
30 ml/2 cuillères à soupe de persil frais haché
15 ml / 1 cuillère à soupe de vinaigre de vin
5 ml/1 cuillère à café de racine de gingembre hachée

Mélangez la sauce soja, le vin ou le xérès et l'huile de sésame. Versez sur les crevettes, couvrez et laissez mariner 30 minutes. Griller les crevettes quelques minutes, jusqu'à ce qu'elles soient cuites, en les arrosant de marinade. Pendant ce temps, mélangez le persil, le vinaigre de vin et le gingembre pour accompagner les crevettes.

Rouleaux de crevettes et de nouilles

pour 4 personnes

2 oz/50 g de nouilles aux œufs, cassées en morceaux

15 ml/1 cuillère à soupe d'huile d'arachide

2 oz/50 g de porc maigre, finement haché

4 oz/100 g de champignons, hachés

3 oignons verts (oignons), hachés

100 g de crevettes décortiquées, hachées

15 ml / 1 cuillère à soupe de vin de riz ou de xérès sec

sel et poivre

24 peaux de wonton

1 œuf battu

huile de friture

Faites cuire les nouilles dans l'eau bouillante pendant 5 minutes, puis égouttez-les et hachez-les. Faites chauffer l'huile et saisissez le porc pendant 4 minutes. Ajoutez les champignons et les oignons et faites revenir pendant 2 minutes, puis retirez du feu. Mélangez les crevettes, le vin ou le xérès et les nouilles et assaisonnez au goût avec du sel et du poivre. Versez la pâte au centre de chaque coquille de wonton et badigeonnez les bords d'œuf battu. Pliez les bords puis enroulez les emballages en scellant les bords. Faites chauffer l'huile et faites revenir les petits pains à

quelques-uns à la fois, pendant environ 5 minutes, jusqu'à ce qu'ils soient dorés. Égoutter sur du papier absorbant avant de servir.

Toast aux crevettes

pour 4 personnes

2 œufs 1 lb/450 g de crevettes décortiquées et hachées
15 ml/1 cuillère à soupe de farine de maïs (amidon de maïs)
1 oignon, finement haché
30 ml/2 cuillères à soupe de sauce soja
15 ml / 1 cuillère à soupe de vin de riz ou de xérès sec
5 ml/1 cuillère à café de sel
5 ml/1 cuillère à café de racine de gingembre hachée
8 tranches de pain coupées en triangles
huile de friture

Mélangez 1 œuf avec tous les autres ingrédients sauf le pain et l'huile. Versez le mélange sur les triangles de pain et pressez en forme de dôme. Peignez avec l'œuf restant. Faites chauffer environ 5 cm d'huile et faites revenir les triangles de pain jusqu'à ce qu'ils soient dorés. Bien égoutter avant de servir.

Wontons de porc et de crevettes avec sauce aigre

pour 4 personnes

120 ml/4 fl oz/¬Ω tasse d'eau

60 ml/4 cuillères à soupe de vinaigre de vin

60 ml/4 cuillères à soupe de cassonade

30 ml/2 cuillères à soupe de purée de tomates (pâte)

10 ml/2 cuillères à café de semoule de maïs (amidon de maïs)

1 once/25 g de champignons, hachés

1 oz/25 g de crevettes décortiquées, coupées en dés

2 oz/50 g de porc maigre, haché

2 oignons verts (oignons), hachés

5 ml/1 cuillère à café de sauce soja

2,5 ml/¬Ω C. racine de gingembre râpée

1 gousse d'ail, écrasée

24 peaux de wonton

huile de friture

Mélangez l'eau, le vinaigre de vin, le sucre, la purée de tomates et la semoule de maïs dans une petite casserole. Porter à ébullition en remuant constamment, puis laisser mijoter 1 minute. Retirer du feu et réserver au chaud.

Mélanger les champignons, les crevettes, le porc, les oignons nouveaux, la sauce soja, le gingembre et l'ail. Verser la garniture dans chaque couche, badigeonner les bords d'eau et presser pour sceller. Faites chauffer l'huile et faites frire les wontons petit à petit jusqu'à ce qu'ils brunissent. Égoutter sur du papier absorbant et servir chaud avec une sauce aigre-douce.

Soupe au poulet

Donne 2 pintes/3½ pintes/8½ tasses

2 lb/1,5 kg d'os de poulet cuits ou crus

450 g d'os de porc

Morceau de racine de gingembre de ½ po/1 cm

3 oignons nouveaux (oignons verts), tranchés

1 gousse d'ail, écrasée

5 ml/1 cuillère à café de sel

2,25 litres/4 litres/10 tasses d'eau

Portez tous les ingrédients à ébullition, couvrez et laissez mijoter 15 minutes. Retirez toute graisse. Couvrir et cuire à feu doux pendant 1h30. Filtrer, refroidir et dégraisser. Congeler en petites quantités ou réfrigérer et utiliser dans les 2 jours.

Soupe au porc et aux germes de soja

pour 4 personnes

1 kilogramme/450 g de porc, coupé en dés

2½ pintes/6 tasses/1,5 L de bouillon de poulet

5 tranches de racine de gingembre

12 oz/350 g de germes de soja

15 ml/1 cuillère à soupe de sel

Faites bouillir le porc 10 minutes dans de l'eau bouillante, puis égouttez-le. Portez le bouillon à ébullition et ajoutez le porc et le gingembre. Couvrir et cuire à feu doux pendant 50 minutes. Ajouter les germes de soja et le sel et laisser mijoter pendant 20 minutes.

Soupe d'ormeaux et de champignons

pour 4 personnes

60 ml/4 cuillères à soupe d'huile d'arachide
4 oz/100 g de porc maigre, coupé en lanières
8 oz/225 g d'ormeau en conserve, tranché
4 oz/100 g de champignons, tranchés
2 branches de céleri, tranchées
2 oz/50 g de jambon, tranché
2 oignons, tranchés
2½ points/6 tasses/1,5 L d'eau
30 ml/2 cuillères à soupe de vinaigre de vin
45 ml/3 cuillères à soupe de sauce soja
2 tranches de racine de gingembre, hachées
sel et poivre fraîchement moulu
15 ml/1 cuillère à soupe de farine de maïs (amidon de maïs)
45 ml/3 cuillères à soupe d'eau

Faites chauffer l'huile et faites revenir le porc, les ormeaux, les champignons, le céleri, le jambon et l'oignon pendant 8 minutes. Ajouter l'eau et le vinaigre de vin, porter à ébullition, couvrir et laisser mijoter 20 minutes. Ajouter la sauce soja, le gingembre, le sel et le poivre. Mélangez la semoule de maïs jusqu'à obtenir une pâte avec

l'eau, incorporer à la soupe et laisser mijoter en remuant pendant 5 minutes jusqu'à ce que la soupe soit claire et épaissie.

Soupe au poulet et asperges

pour 4 personnes

100 g de poulet émincé

2 blancs d'œufs

2,5 ml/½ cuillère à café de sel

30 ml/2 cuillères à soupe de farine de maïs (amidon de maïs)

8 oz/225 g d'asperges, coupées en morceaux de 1/2 pouce

4 oz/100 g de germes de soja

2½ pintes/6 tasses/1,5 L de bouillon de poulet

100 g de champignons

Mélangez le poulet avec les blancs d'œufs, le sel et la fécule de maïs et laissez reposer 30 minutes. Faites cuire le poulet dans l'eau bouillante pendant environ 10 minutes jusqu'à ce qu'il soit cuit, puis égouttez-le bien. Faites bouillir les asperges dans l'eau bouillante pendant 2 minutes, puis égouttez-les. Blanchir les germes de soja dans l'eau bouillante pendant 3 minutes, puis égoutter. Versez le bouillon dans une grande casserole et ajoutez le poulet, les asperges, les champignons et les germes de soja. Porter à ébullition et assaisonner avec du sel. Cuire quelques minutes pour laisser les saveurs se développer et jusqu'à ce que les légumes soient tendres mais toujours croquants.

soupe de boeuf

pour 4 personnes

8 oz/225 g de bœuf (haché)

15 ml/1 cuillère à soupe de sauce soja

15 ml / 1 cuillère à soupe de vin de riz ou de xérès sec

15 ml/1 cuillère à soupe de farine de maïs (amidon de maïs)

2 litres/5 tasses/1,2 l de bouillon de poulet

5 ml/1 cuillère à café de sauce chili

sel et poivre

2 oeufs battus

6 oignons nouveaux (oignons verts), hachés

Mélangez le bœuf avec la sauce soja, le vin ou le xérès et la semoule de maïs. Ajouter au bouillon et porter à ébullition petit à petit en remuant. Ajouter la sauce aux haricots piquants et assaisonner au goût avec du sel et du poivre, couvrir et laisser mijoter environ 10 minutes en remuant de temps en temps. Ajouter les œufs et servir parsemé de ciboulette.

Soupe chinoise au bœuf et aux feuilles

pour 4 personnes

200 g de bœuf maigre, coupé en lanières
15 ml/1 cuillère à soupe de sauce soja
15 ml/1 cuillère à soupe d'huile d'arachide
2½ pintes/6 tasses/1,5 l de bouillon de bœuf
5 ml/1 cuillère à café de sel
2,5 ml/½ cuillère à café de sucre
½ tête de feuilles chinoises, coupées en morceaux

Mélangez le bœuf avec la sauce soja et l'huile et laissez mariner 30 minutes en remuant de temps en temps. Portez à ébullition le bouillon avec le sel et le sucre, ajoutez les feuilles de chinois et laissez mijoter environ 10 minutes jusqu'à ce qu'elles soient presque cuites. Ajoutez la viande et laissez cuire encore 5 minutes.

Soupe aux choux

pour 4 personnes

60 ml/4 cuillères à soupe d'huile d'arachide

2 oignons, hachés

4 oz/100 g de porc maigre, coupé en lanières

8 oz/225 g de chou chinois, râpé

10 ml/2 cuillères à café de sucre

2 litres/5 tasses/1,2 l de bouillon de poulet

45 ml/3 cuillères à soupe de sauce soja

sel et poivre

15 ml/1 cuillère à soupe de farine de maïs (amidon de maïs)

Faites chauffer l'huile et faites revenir l'oignon et le porc jusqu'à ce qu'ils soient légèrement dorés. Ajoutez le chou et le sucre et laissez cuire 5 minutes. Ajouter le bouillon et la sauce soja et assaisonner au goût avec du sel et du poivre. Porter à ébullition, couvrir et laisser mijoter 20 minutes. Mélangez la semoule de maïs avec un peu d'eau, incorporez-la à la soupe et faites cuire en remuant jusqu'à ce que la soupe épaississe et clair.

soupe de viande épicée

pour 4 personnes

45 ml/3 cuillères à soupe d'huile d'arachide

1 gousse d'ail, écrasée

5 ml/1 cuillère à café de sel

8 oz/225 g de bœuf (haché)

6 oignons nouveaux (oignons verts), coupés en lanières

1 poivron rouge, coupé en lanières

1 poivron vert, coupé en lanières

8 oz/225 g de chou, râpé

1¾ tasses/1 L/4¼ tasses de bouillon de bœuf

30 ml/2 cuillères à soupe de sauce aux prunes

30 ml/2 cuillères à soupe de sauce hoisin

45 ml/3 cuillères à soupe de sauce soja

2 morceaux de gingembre en tige, hachés

2 oeufs

5 ml/1 cuillère à café d'huile de sésame

8 oz/225 g de nouilles légères, trempées

Faites chauffer l'huile et faites revenir l'ail et le sel jusqu'à ce qu'ils soient légèrement dorés. Ajoutez la viande et faites-la dorer rapidement. Ajouter les légumes et faire revenir jusqu'à ce qu'ils soient translucides. Ajouter le bouillon, la sauce aux prunes, la sauce hoisin, 2/30 ml

cuillère de sauce soja et de gingembre, porter à ébullition et laisser bouillir 10 minutes. Battez les œufs avec l'huile de sésame et le reste de la sauce soja. Ajouter à la soupe de nouilles et cuire en remuant jusqu'à ce que les œufs soient coulants et que les nouilles soient tendres.

soupe céleste

pour 4 personnes

2 oignons verts (oignons), hachés

1 gousse d'ail, écrasée

30 ml/2 cuillères à soupe de persil frais haché

5 ml/1 cuillère à café de sel

15 ml/1 cuillère à soupe d'huile d'arachide

30 ml/2 cuillères à soupe de sauce soja

2½ points/6 tasses/1,5 L d'eau

Mélangez la ciboulette, l'ail, le persil, le sel, l'huile et la sauce soja. Portez l'eau à ébullition, versez dessus le mélange de ciboulette et laissez reposer 3 minutes.

Soupe au poulet et pousses de bambou

pour 4 personnes

2 cuisses de poulet

30 ml/2 cuillères à soupe d'huile d'arachide (cacahuètes)

5 ml/1 cuillère à café de vin de riz ou de xérès sec

2½ pintes/6 tasses/1,5 L de bouillon de poulet

3 ciboulette, tranchée

4 oz/100 g de pousses de bambou, coupées en morceaux

5 ml/1 cuillère à café de racine de gingembre hachée

sel

Désossez le poulet et coupez la viande en morceaux. Faites chauffer l'huile et faites frire le poulet jusqu'à ce qu'il soit doré de tous les côtés. Ajouter le bouillon, les oignons nouveaux, les pousses de bambou et le gingembre, porter à ébullition et laisser mijoter environ 20 minutes jusqu'à ce que le poulet soit tendre. Assaisonner au goût avec du sel avant de servir.

Soupe au poulet et au maïs

pour 4 personnes

1¾ tasses/1 L/4¼ tasses de bouillon de poulet

100 g de poulet haché

7 oz/200 g de maïs sucré en crème

tranche de jambon, hachée

des œufs battus

15 ml / 1 cuillère à soupe de vin de riz ou de xérès sec

Portez à ébullition le bouillon et le poulet, couvrez et laissez mijoter 15 minutes. Ajouter le maïs et le jambon, couvrir et cuire 5 minutes. Ajoutez les œufs et le xérès en remuant délicatement avec un cure-dent pour que les œufs forment des ficelles. Retirer du feu, couvrir et laisser reposer 3 minutes avant de servir.

Soupe au poulet et au gingembre

pour 4 personnes

4 champignons chinois séchés

2½ points/6 tasses/1,5 L d'eau ou de bouillon de poulet

8 oz/225 g de poulet, coupé en dés

10 tranches de racine de gingembre

5 ml/1 cuillère à café de vin de riz ou de xérès sec

sel

Faites tremper les champignons dans de l'eau tiède pendant 30 minutes, puis égouttez-les. Jetez les tiges. Portez l'eau ou le bouillon à ébullition avec le reste des ingrédients et laissez mijoter environ 20 minutes jusqu'à ce que le poulet soit bien cuit.

Soupe chinoise au poulet et aux champignons

pour 4 personnes

25 g de champignons chinois séchés
100 g de poulet émincé
2 oz/50 g de pousses de bambou, écrasées
30 ml/2 cuillères à soupe de sauce soja
30 ml/2 cuillères à soupe de vin de riz ou de xérès sec
2 litres/5 tasses/1,2 l de bouillon de poulet

Faites tremper les champignons dans de l'eau tiède pendant 30 minutes, puis égouttez-les. Jetez les tiges et coupez les sommets. Blanchir les champignons, le poulet et les pousses de bambou dans l'eau bouillante pendant 30 secondes, puis égoutter. Placez-les dans un bol et ajoutez la sauce soja et le vin ou le xérès. Laisser mariner 1 heure. Portez le bouillon à ébullition, ajoutez le mélange de poulet et la marinade. Bien mélanger et cuire quelques minutes jusqu'à ce que le poulet soit cuit.

Soupe au poulet et riz

pour 4 personnes

1¾ tasses/1 L/4¼ tasses de bouillon de poulet

8 oz/225 g/1 tasse de riz à grains longs cuit

4 oz/100 g de poulet cuit, coupé en lanières

1 oignon, coupé en quartiers

5 ml/1 cuillère à café de sauce soja

Chauffer doucement tous les ingrédients ensemble jusqu'à ce qu'ils soient chauds sans laisser bouillir la soupe.

Soupe au poulet et à la noix de coco

pour 4 personnes

12 oz/350 g de poitrine de poulet

sel

10 ml/2 cuillères à café de semoule de maïs (amidon de maïs)

30 ml/2 cuillères à soupe d'huile d'arachide (cacahuètes)

1 piment vert haché

1¾ points/4¼ tasses de lait de coco

5 ml/1 cuillère à café de zeste de citron râpé

12 litchis

poudre de muscade râpée

sel et poivre fraîchement moulu

2 feuilles de mélisse

Coupez la poitrine de poulet en diagonale dans le sens du grain en lanières. Saupoudrer de sel et couvrir d'huile. Faites chauffer 2 cuillères à café/10 ml d'huile dans un wok, remuez et versez. Répétez encore une fois. Faites chauffer le reste de l'huile et faites dorer le poulet et le piment pendant 1 minute. Ajoutez le lait de coco et portez à ébullition. Ajoutez le zeste de citron et laissez mijoter 5 minutes. Ajouter le litchi, assaisonner de muscade, saler et poivrer et servir garni de mélisse.

Chaudrée de palourdes

pour 4 personnes

2 champignons chinois séchés
12 palourdes, trempées et lavées
2½ pintes/6 tasses/1,5 L de bouillon de poulet
2 oz/50 g de pousses de bambou, écrasées
2 oz/50 g de pois mange-tout, coupés en deux
2 oignons nouveaux (oignons verts), tranchés
15 ml / 1 cuillère à soupe de vin de riz ou de xérès sec
poudre de poivre fraîchement moulu

Faites tremper les champignons dans de l'eau tiède pendant 30 minutes, puis égouttez-les. Jetez les tiges et coupez le dessus en deux. Faites cuire les palourdes à la vapeur pendant environ 5 minutes jusqu'à ce qu'elles s'ouvrent. Jetez tout ce qui reste fermé. Retirez les palourdes de la coquille. Portez le bouillon à ébullition et ajoutez les champignons, les pousses de bambou, les pois mange-tout et les oignons nouveaux. Faire bouillir à découvert pendant 2 minutes. Ajouter les palourdes, le vin ou le xérès, le poivre et cuire jusqu'à ce que le tout soit bien chaud.

soupe aux œufs

pour 4 personnes

2 litres/5 tasses/1,2 l de bouillon de poulet

3 oeufs battus

45 ml/3 cuillères à soupe de sauce soja

sel et poivre fraîchement moulu

4 oignons nouveaux (oignons verts), tranchés

Portez le bouillon à ébullition. Incorporez progressivement les œufs battus pour qu'ils se séparent en filaments. Ajouter la sauce soja et assaisonner au goût avec du sel et du poivre. Il est servi garni d'oignons nouveaux.

Chaudrée de crabe et de palourdes

pour 4 personnes

4 champignons chinois séchés
15 ml/1 cuillère à soupe d'huile d'arachide
1 œuf battu
2½ pintes/6 tasses/1,5 L de bouillon de poulet
6 oz/175 g de chair de crabe, râpée
100 g de pétoncles décortiqués, tranchés
4 oz/100 g de pousses de bambou, tranchées
2 oignons verts (oignons), hachés
1 tranche de racine de gingembre, hachée
quelques crevettes bouillies et nettoyées (facultatif)
45 ml/3 cuillères à soupe de farine de maïs (amidon de maïs)
90 ml/6 cuillères à soupe d'eau
30 ml/2 cuillères à soupe de vin de riz ou de xérès sec
20 ml/4 cuillères à soupe de sauce soja
2 blancs d'œufs

Faites tremper les champignons dans de l'eau tiède pendant 30 minutes, puis égouttez-les. Jetez les tiges et coupez-les finement. Faites chauffer l'huile, ajoutez l'œuf et inclinez la poêle pour que l'œuf recouvre le fond. cuire jusqu'à ce que prendre, puis retourner et cuire l'autre côté. Retirer du moule, rouler et couper en fines lanières.

Portez le bouillon à ébullition, ajoutez les champignons, les lanières d'œufs, la chair de crabe, les palourdes, les pousses de bambou, les oignons verts, le gingembre et les crevettes, le cas échéant. L'eau bout. Mélangez la semoule de maïs avec 4 cuillères à soupe/60 ml d'eau, de vin ou de xérès et de sauce soja et incorporez-la à la soupe. Cuire à feu doux en remuant jusqu'à ce que la soupe épaississe. Battre les blancs d'œufs avec le reste d'eau et saupoudrer lentement le mélange dans la soupe en mélangeant vigoureusement.

soupe de crabe

pour 4 personnes

90 ml/6 cuillères à soupe d'huile d'arachide (cacahuètes)
3 oignons, hachés
8 oz/225 g de chair de crabe brune et blanche
1 tranche de racine de gingembre, hachée
2 litres/5 tasses/1,2 l de bouillon de poulet
¼pt/150ml/tasse de vin de riz ou de xérès sec
45 ml/3 cuillères à soupe de sauce soja
sel et poivre fraîchement moulu

Faites chauffer l'huile et faites revenir l'oignon jusqu'à ce qu'il soit ramolli mais pas doré. Ajouter la chair de crabe et le gingembre et faire sauter pendant 5 minutes. Ajouter le bouillon, le vin ou le xérès et la sauce soja, saler et poivrer. Portez à ébullition, puis laissez mijoter 5 minutes.

Soupe de poisson

pour 4 personnes

8 oz/225 g de filets de poisson
1 tranche de racine de gingembre, hachée
15 ml / 1 cuillère à soupe de vin de riz ou de xérès sec
30 ml/2 cuillères à soupe d'huile d'arachide (cacahuètes)
2½ points/1,5 l/6 tasses de bouillon de poisson

Coupez le poisson en fines lanières à contre-courant. Mélangez le gingembre, le vin ou le xérès et l'huile, ajoutez le poisson et mélangez délicatement. Laissez mariner 30 minutes en les retournant de temps en temps. Portez le bouillon à ébullition, ajoutez le poisson et laissez mijoter 3 minutes.

Soupe de poisson et salade verte

pour 4 personnes

225 g de filets de poisson blanc

2 cuillères à soupe/30 ml de farine nature (tout usage)

sel et poivre fraîchement moulu

90 ml/6 cuillères à soupe d'huile d'arachide (cacahuètes)

6 oignons nouveaux (oignons verts), tranchés

4 oz/100 g de laitue, hachée

2 points/5 tasses/1,2 l d'eau

10 ml/2 cuillères à café de racine de gingembre finement hachée

¼ cuillère à café/½ tasse/150 ml de vin de riz généreux ou de xérès sec

30 ml/2 cuillères à soupe de farine de maïs (amidon de maïs)

30 ml/2 cuillères à soupe de persil frais haché

10 ml/2 cuillères à café de jus de citron

30 ml/2 cuillères à soupe de sauce soja

Coupez le poisson en fines lanières, puis mélangez-le avec la farine assaisonnée. Faites chauffer l'huile et faites revenir l'oignon nouveau jusqu'à ce qu'il soit tendre. Ajoutez la salade verte et faites revenir 2 minutes. Ajouter le poisson et cuire 4 minutes. Ajouter l'eau, le gingembre et le vin ou le xérès, porter à ébullition, couvrir et laisser mijoter 5 minutes. Mélangez la semoule de maïs avec un peu d'eau, puis incorporez-la à la soupe. Cuire en remuant encore 4 minutes jusqu'à ce que la soupe épaississe.

rincer puis assaisonner de sel et de poivre. Il est servi saupoudré de persil, de jus de citron et de sauce soja.

Soupe de gingembre aux boulettes de viande

pour 4 personnes

5 cm/2 dans un morceau de racine de gingembre râpé

12 oz/350 g de cassonade

2½ points/1,5 L/7 tasses d'eau

225 g/8 oz/2 tasses de farine de riz

2,5 ml/½ cuillère à café de sel

60 ml/4 cuillères à soupe d'eau

Mettez le gingembre, le sucre et l'eau dans une casserole et portez à ébullition en remuant. Couvrir et laisser mijoter environ 20 minutes. Filtrez la soupe et remettez-la dans la casserole.

Pendant ce temps, mettez la farine et le sel dans un bol et pétrissez progressivement dans suffisamment d'eau pour obtenir une pâte épaisse. Roulez-le en petites boules et mettez-les dans la soupe. Remettre la soupe à ébullition, couvrir et laisser mijoter encore 6 minutes jusqu'à ce que les boulettes de viande soient cuites.

soupe aigre-piquante

pour 4 personnes

8 champignons chinois séchés
1¾ tasses/1 L/4¼ tasses de bouillon de poulet
4 oz/100 g de poulet, coupé en lanières
4 oz/100 g de pousses de bambou, coupées en lanières
100 g de tofu, coupé en lanières
15 ml/1 cuillère à soupe de sauce soja
30 ml/2 cuillères à soupe de vinaigre de vin
30 ml/2 cuillères à soupe de farine de maïs (amidon de maïs)
2 oeufs battus
quelques gouttes d'huile de sésame

Faites tremper les champignons dans de l'eau tiède pendant 30 minutes, puis égouttez-les. Jetez les tiges et coupez le dessus en lanières. Portez à ébullition les champignons, le bouillon, le poulet, les pousses de bambou et le tofu, couvrez et laissez mijoter 10 minutes. Mélangez la sauce soja, le vinaigre de vin et la semoule de maïs pour obtenir une pâte lisse, incorporez-la à la soupe et laissez cuire 2 minutes jusqu'à ce que la soupe devienne translucide. Ajoutez lentement les œufs et l'huile de sésame en mélangeant avec un cure-dent. Couvrir et laisser reposer 2 minutes avant de servir.

Soupe aux champignons

pour 4 personnes

15 champignons chinois séchés
2½ pintes/6 tasses/1,5 L de bouillon de poulet
5 ml/1 cuillère à café de sel

Faire tremper les champignons dans de l'eau tiède pendant 30 minutes, puis égoutter en réservant le liquide. Jetez les tiges et coupez-les en deux si elles sont grosses et placez-les dans un grand bol résistant à la chaleur. Placer le plat sur une grille dans un four vapeur. Portez le bouillon à ébullition, versez-le sur les champignons, couvrez et faites cuire à la vapeur 1 heure sur de l'eau bouillante. Assaisonner au goût avec du sel et servir.

Soupe aux champignons et aux choux

pour 4 personnes

25 g de champignons chinois séchés
15 ml/1 cuillère à soupe d'huile d'arachide
2 oz/50 g de feuilles de porcelaine écrasées
15 ml / 1 cuillère à soupe de vin de riz ou de xérès sec
15 ml/1 cuillère à soupe de sauce soja
2 litres/5 tasses/1,2 l de soupe au poulet ou aux légumes
sel et poivre fraîchement moulu
5 ml/1 cuillère à café d'huile de sésame

Faites tremper les champignons dans de l'eau tiède pendant 30 minutes, puis égouttez-les. Jetez les tiges et coupez les sommets. Faites chauffer l'huile et faites revenir les champignons et les feuilles chinoises pendant 2 minutes jusqu'à ce qu'ils soient bien enrobés. Ajoutez le vin ou le xérès et la sauce soja, puis ajoutez le bouillon. Porter à ébullition, assaisonner de sel et de poivre et cuire 5 minutes. Arroser d'huile de sésame avant de servir.

Soupe aux œufs et aux champignons

pour 4 personnes

1¾ tasses/1 L/4¼ tasses de bouillon de poulet

30 ml/2 cuillères à soupe de farine de maïs (amidon de maïs)

4 oz/100 g de champignons, tranchés

1 tranche d'oignon, finement hachée

pincée de sel

3 gouttes d'huile de sésame

2,5 ml/½ cuillère à café de sauce soja

1 œuf battu

Incorporez un peu de bouillon à la semoule de maïs, puis incorporez tous les ingrédients sauf l'œuf. Portez à ébullition, couvrez et laissez cuire à feu doux pendant 5 minutes. Ajoutez l'œuf en remuant avec un cure-dent pour que l'œuf forme des ficelles. Retirer du feu et laisser reposer 2 minutes avant de servir.

Soupe de marrons aux champignons et eau

pour 4 personnes

1¾ tasses/1 L/4¼ tasses de bouillon de légumes ou d'eau
2 oignons, finement hachés
5 ml/1 cuillère à café de vin de riz ou de xérès sec
30 ml/2 cuillères à soupe de sauce soja
8 oz/225 g de champignons
4 oz/100 g de châtaignes d'eau, tranchées
4 oz/100 g de pousses de bambou, tranchées
quelques gouttes d'huile de sésame
2 feuilles de laitue, coupées en morceaux
2 oignons verts (oignons verts), coupés en morceaux

Portez à ébullition l'eau, l'oignon, le vin ou le xérès et la sauce soja, couvrez et laissez mijoter 10 minutes. Ajoutez les champignons, les châtaignes d'eau et les pousses de bambou, couvrez et laissez mijoter 5 minutes. Ajouter l'huile de sésame, les feuilles de laitue et l'oignon vert, retirer du feu, couvrir et laisser reposer 1 minute avant de servir.

Soupe de porc et champignons

pour 4 personnes

60 ml/4 cuillères à soupe d'huile d'arachide

1 gousse d'ail, écrasée

2 oignons, tranchés

8 oz/225 g de porc maigre, coupé en lanières

1 branche de céleri, hachée

2 oz/50 g de champignons, tranchés

2 carottes, tranchées

2 points/5 tasses/1,2 L de bouillon de bœuf

15 ml/1 cuillère à soupe de sauce soja

sel et poivre fraîchement moulu

15 ml/1 cuillère à soupe de farine de maïs (amidon de maïs)

Faites chauffer l'huile et faites revenir l'ail, l'oignon et le porc jusqu'à ce que l'oignon soit tendre et légèrement doré. Ajoutez le céleri, les champignons et les carottes, couvrez et laissez mijoter 10 minutes. Portez le bouillon à ébullition, puis ajoutez-le à la casserole avec la sauce soja et assaisonnez au goût avec du sel et du poivre. Mélangez la semoule de maïs avec un peu d'eau, puis versez dans la casserole et faites cuire à feu doux en remuant pendant environ 5 minutes.

Soupe de porc et cresson

pour 4 personnes

2½ pintes/6 tasses/1,5 L de bouillon de poulet

4 oz/100 g de porc maigre, coupé en lanières

3 branches de céleri, coupées en diagonale

2 oignons verts (oignons), tranchés

1 botte de cresson

5 ml/1 cuillère à café de sel

Portez le bouillon à ébullition, ajoutez le porc et le céleri, couvrez et laissez mijoter 15 minutes. Ajouter la ciboulette, le cresson et le sel et cuire à découvert pendant environ 4 minutes.

Soupe de porc et concombre

pour 4 personnes

4 oz/100 g de porc maigre, tranché finement
5 ml/1 cuillère à café de farine de maïs (amidon de maïs)
15 ml/1 cuillère à soupe de sauce soja
15 ml / 1 cuillère à soupe de vin de riz ou de xérès sec
1 concombre
2½ pintes/6 tasses/1,5 L de bouillon de poulet
5 ml/1 cuillère à café de sel

Mélangez le porc, la semoule de maïs, la sauce soja et le vin ou le xérès. Remuer pour enrober le porc. Épluchez le concombre et coupez-le en deux dans le sens de la longueur, puis retirez les graines. Coupe épaisse. Portez le bouillon à ébullition, ajoutez le porc, couvrez et laissez mijoter 10 minutes. Ajoutez le concombre et laissez cuire quelques minutes jusqu'à ce qu'il devienne translucide. Ajoutez du sel et un peu plus de sauce soja si vous le souhaitez.

Soupe aux boulettes de viande et aux nouilles

pour 4 personnes

2 oz/50 g de nouilles de riz

8 oz/225 g de porc haché (haché)

5 ml/1 cuillère à café de farine de maïs (amidon de maïs)

2,5 ml/½ cuillère à café de sel

30 ml/2 cuillères à soupe d'eau

2½ pintes/6 tasses/1,5 L de bouillon de poulet

1 oignon nouveau (ciboulette), finement haché

5 ml/1 cuillère à café de sauce soja

Placez les nouilles dans l'eau froide pour les faire tremper pendant que vous préparez les boulettes de viande. Mélangez le porc, le saindoux, un peu de sel et d'eau et formez des boules de la taille d'une noix. Portez une casserole d'eau à ébullition, ajoutez les boulettes de porc, couvrez et laissez mijoter 5 minutes. Bien égoutter et égoutter les nouilles. Portez le bouillon à ébullition, ajoutez les boulettes de porc et les nouilles, couvrez et laissez mijoter 5 minutes. Ajoutez l'oignon nouveau, la sauce soja et le reste du sel et laissez cuire encore 2 minutes.

Soupe aux épinards et au tofu

pour 4 personnes

2 litres/5 tasses/1,2 l de bouillon de poulet

7 oz/200 g de tomates en conserve, égouttées et hachées

8 oz/225 g de tofu, coupé en dés

8 oz/225 g d'épinards hachés

30 ml/2 cuillères à soupe de sauce soja

5 ml/1 cuillère à café de cassonade

sel et poivre fraîchement moulu

Portez le bouillon à ébullition, puis ajoutez les tomates, le tofu et les épinards et remuez délicatement. Remettre à ébullition et laisser mijoter 5 minutes. Ajouter la sauce soja et le sucre et assaisonner au goût avec du sel et du poivre. Laissez bouillir 1 minute avant de servir.

Soupe sucrée au maïs et au crabe

pour 4 personnes

2 litres/5 tasses/1,2 l de bouillon de poulet

7 oz/200 g de maïs sucré

sel et poivre fraîchement moulu

1 œuf battu

200 g de chair de crabe hachée

3 échalotes hachées

Portez le bouillon à ébullition, ajoutez le maïs sucré de saison avec du sel et du poivre. Cuire à feu doux pendant 5 minutes. Juste avant de servir, versez les œufs à la fourchette et brisez-les sur la soupe. Il est servi saupoudré de chair de crabe et d'échalote hachée.

soupe sichuanaise

pour 4 personnes

4 champignons chinois séchés

2½ pintes/6 tasses/1,5 L de bouillon de poulet

75 ml/5 cuillères à soupe de vin blanc sec

15 ml/1 cuillère à soupe de sauce soja

2,5 ml/½ cuillère à café de sauce piquante

30 ml/2 cuillères à soupe de farine de maïs (amidon de maïs)

60 ml/4 cuillères à soupe d'eau

4 oz/100 g de porc maigre, coupé en lanières

2 oz/50 g de jambon cuit, tranché

1 poivron rouge, coupé en lanières

2 oz/50 g de châtaignes d'eau, tranchées

10 ml/2 cuillères à soupe de vinaigre de vin

5 ml/1 cuillère à café d'huile de sésame

1 œuf battu

100 g de crevettes décortiquées

6 oignons nouveaux (oignons verts), hachés

6 oz/175 g de tofu, coupé en dés

Faites tremper les champignons dans de l'eau tiède pendant 30 minutes, puis égouttez-les. Jetez les tiges et coupez les sommets. Apportez du bouillon, du vin, du soja.

la salsa et la sauce chili jusqu'à ce qu'elles soient cuites, couvrir et laisser mijoter pendant 5 minutes. Mélangez la semoule de maïs avec la moitié de l'eau et incorporez-la à la soupe en remuant jusqu'à ce que la soupe épaississe. Ajoutez les champignons, le porc, le jambon, les poivrons et les châtaignes d'eau et laissez mijoter 5 minutes. Ajoutez le vinaigre de vin et l'huile de sésame. Battez l'œuf avec le reste d'eau et versez-le dans la soupe en remuant vigoureusement. Ajoutez les crevettes, les oignons nouveaux et le tofu et laissez cuire quelques minutes pour bien réchauffer.

soupe au tofu

pour 4 personnes

2½ pintes/6 tasses/1,5 L de bouillon de poulet
8 oz/225 g de tofu, coupé en dés
5 ml/1 cuillère à café de sel
5 ml/1 cuillère à café de sauce soja

Portez le bouillon à ébullition et ajoutez le tofu, le sel et la sauce soja. Laisser mijoter quelques minutes jusqu'à ce que le tofu soit chaud.

Soupe de tofu et poisson

pour 4 personnes

225 g de filets de poisson blanc coupés en lanières
¼ cuillère à café/½ tasse/150 ml de vin de riz généreux ou de xérès sec
10 ml/2 cuillères à café de racine de gingembre finement hachée
45 ml/3 cuillères à soupe de sauce soja
2,5 ml/½ cuillère à café de sel
60 ml/4 cuillères à soupe d'huile d'arachide
2 oignons, hachés
4 oz/100 g de champignons, tranchés
2 litres/5 tasses/1,2 l de bouillon de poulet
100 g de tofu, coupé en dés
sel et poivre fraîchement moulu

Placez le poisson dans un bol. Incorporer le vin ou le xérès, le gingembre, la sauce soja et le sel et verser sur le poisson. Laisser mariner 30 minutes. Faites chauffer l'huile et faites revenir l'oignon pendant 2 minutes. Ajoutez les champignons et continuez à frire jusqu'à ce que les oignons soient tendres mais pas dorés. Ajouter le poisson et la marinade, porter à ébullition, couvrir et laisser mijoter 5 minutes. Ajouter le bouillon, porter à ébullition, couvrir et laisser mijoter 15 minutes. Ajouter le tofu et assaisonner au goût avec du sel et du poivre. Cuire à feu doux jusqu'à ce que le tofu soit cuit.

Soupe à la tomate

pour 4 personnes

14 oz/400 g de tomates en conserve, égouttées et hachées
2 litres/5 tasses/1,2 l de bouillon de poulet
1 tranche de racine de gingembre, hachée
15 ml/1 cuillère à soupe de sauce soja
15 ml / 1 cuillère de sauce chili
10 ml/2 cuillères à café de sucre

Mettez tous les ingrédients dans une casserole et portez à légère ébullition en remuant de temps en temps. Faire bouillir environ 10 minutes avant de servir.

Soupe de tomates et épinards

pour 4 personnes

2 litres/5 tasses/1,2 l de bouillon de poulet

225 g de tomates en dés en conserve

8 oz/225 g de tofu, coupé en dés

8 oz/225 g d'épinards

30 ml/2 cuillères à soupe de sauce soja

sel et poivre fraîchement moulu

2,5 ml/½ cuillère à café de sucre

½ cuillère à café/2,5 ml de vin de riz ou de xérès sec

Portez le bouillon à ébullition, puis ajoutez les tomates, le tofu et les épinards et laissez mijoter 2 minutes. Ajoutez le reste des ingrédients et laissez cuire 2 minutes, puis mélangez bien et servez.

soupe de navet

pour 4 personnes

1¾ tasses/1 L/4¼ tasses de bouillon de poulet
1 gros navet, tranché finement
200 g de porc maigre, tranché finement
15 ml/1 cuillère à soupe de sauce soja
60 ml/4 cuillères à soupe de cognac
sel et poivre fraîchement moulu
4 échalotes, hachées finement

Portez le bouillon à ébullition, ajoutez le navet et le porc, couvrez et laissez mijoter 20 minutes jusqu'à ce que le navet soit tendre et que la viande soit cuite. Ajouter la sauce soja et le cognac au goût. Faire bouillir jusqu'à ce qu'il soit servi chaud, parsemé d'échalotes.

Soupe aux légumes

pour 4 personnes

6 champignons chinois séchés
1¾ tasses/1 L/4¼ tasses de bouillon de légumes
2 oz/50 g de pousses de bambou, coupées en lanières
2 oz/50 g de châtaignes d'eau, tranchées
8 pois mange-tout, tranchés
5 ml/1 cuillère à café de sauce soja

Faites tremper les champignons dans de l'eau tiède pendant 30 minutes, puis égouttez-les. Jetez les tiges et coupez le dessus en lanières. Ajoutez-les au bouillon avec les pousses de bambou et les châtaignes d'eau et portez à ébullition, couvrez et laissez mijoter 10 minutes. Ajouter les pois mange-tout et la sauce soja, couvrir et cuire 2 minutes. Laisser reposer 2 minutes avant de servir.

soupe végétarienne

pour 4 personnes

¼ de chou blanc

2 carottes

3 branches de céleri

2 oignons nouveaux (oignons verts)

30 ml/2 cuillères à soupe d'huile d'arachide (cacahuètes)

2½ points/6 tasses/1,5 L d'eau

15 ml/1 cuillère à soupe de sauce soja

15 ml / 1 cuillère à soupe de vin de riz ou de xérès sec

5 ml/1 cuillère à café de sel

poivre fraîchement moulu

Coupez les légumes en lanières. Faites chauffer l'huile et faites revenir les légumes pendant 2 minutes jusqu'à ce qu'ils commencent à ramollir. Ajoutez le reste des ingrédients, portez à ébullition, couvrez et laissez mijoter 15 minutes.

soupe de cresson

pour 4 personnes

1¾ tasses/1 L/4¼ tasses de bouillon de poulet
1 oignon, finement haché
1 branche de céleri, hachée finement
225 g de cresson haché grossièrement
sel et poivre fraîchement moulu

Portez à ébullition le bouillon, l'oignon et le céleri, couvrez et laissez mijoter 15 minutes. Ajouter le cresson, couvrir et laisser mijoter 5 minutes. Assaisonnez avec du sel et du poivre.

Poisson frit aux légumes

pour 4 personnes

4 champignons chinois séchés
4 poissons entiers, nettoyés et écaillés
huile de friture
30 ml/2 cuillères à soupe de farine de maïs (amidon de maïs)
45 ml/3 cuillères à soupe d'huile d'arachide
4 oz/100 g de pousses de bambou, coupées en lanières
2 oz/50 g de châtaignes d'eau, tranchées
2 oz/50 g de chou chinois, râpé
2 tranches de racine de gingembre, hachées
30 ml/2 cuillères à soupe de vin de riz ou de xérès sec
30 ml/2 cuillères à soupe d'eau
15 ml/1 cuillère à soupe de sauce soja
5 ml/1 cuillère à café de sucre
120 ml/4 fl oz/¬Ω tasse de bouillon de poisson
sel et poivre fraîchement moulu
¬Ω laitue, râpée
15 ml / 1 cuillère à soupe de persil plat haché

Faites tremper les champignons dans de l'eau tiède pendant 30 minutes, puis égouttez-les. Jetez les tiges et coupez les sommets. Divisez le poisson en deux

semoule de maïs et secouez tout excédent. Faites chauffer l'huile et faites frire le poisson pendant environ 12 minutes jusqu'à ce qu'il soit cuit. Égoutter sur du papier absorbant et réserver au chaud.

Faites chauffer l'huile et faites revenir les champignons, les pousses de bambou, les châtaignes d'eau et le chou pendant 3 minutes. Ajoutez le gingembre, le vin ou le xérès, 15 ml/1 cuillère à soupe d'eau, la sauce soja et le sucre et faites revenir pendant 1 minute. Ajouter le bouillon, saler et poivrer, porter à ébullition, couvrir et laisser mijoter 3 minutes. Mélangez la semoule de maïs avec le reste d'eau, versez dans la casserole et faites cuire à feu doux en remuant jusqu'à ce que la sauce épaississe. Disposez la laitue sur un plat de service et déposez le poisson dessus. Verser sur les légumes et la sauce et servir garni de persil.

Poisson entier cuit

pour 4 personnes

1 grosse perche ou poisson similaire

45 ml/3 cuillères à soupe de farine de maïs (amidon de maïs)

45 ml/3 cuillères à soupe d'huile d'arachide

1 oignon haché

2 gousses d'ail, hachées

2 oz/50 g de jambon, tranché

100 g de crevettes décortiquées

15 ml/1 cuillère à soupe de sauce soja

15 ml / 1 cuillère à soupe de vin de riz ou de xérès sec

5 ml/1 cuillère à café de sucre

5 ml/1 cuillère à café de sel

Enrober le poisson de semoule de maïs. Faites chauffer l'huile et faites revenir l'oignon et l'ail jusqu'à ce qu'ils soient légèrement dorés. Ajouter le poisson et faire revenir jusqu'à ce qu'il soit doré des deux côtés. Transférer le poisson sur une feuille de papier d'aluminium dans une poêle et garnir de jambon et de crevettes. Ajoutez la sauce soja, le vin ou le xérès, le sucre et le sel dans la casserole et mélangez bien. Verser sur le poisson, couvrir de papier d'aluminium et cuire au four préchauffé à 150∞C/300∞F/thermostat 2 pendant 20 minutes.

Poisson de soja bouilli

pour 4 personnes

1 grosse perche ou poisson similaire
sel
50 g/2 oz/¬Ω tasse de farine nature (tout usage)
60 ml/4 cuillères à soupe d'huile d'arachide
3 tranches de racine de gingembre hachées
3 oignons verts (oignons), hachés
250 ml/8 fl oz/1 tasse d'eau
45 ml/3 cuillères à soupe de sauce soja
15 ml / 1 cuillère à soupe de vin de riz ou de xérès sec
2,5 ml/¬Ω cuillère à café de sucre

Nettoyer et écailler le poisson et marquer en diagonale des deux côtés. Saupoudrer de sel et laisser reposer 10 minutes. Faites chauffer l'huile et faites frire le poisson jusqu'à ce qu'il soit doré des deux côtés, en le retournant une fois et en le badigeonnant d'huile pendant la cuisson. Ajoutez le gingembre, l'oignon nouveau, l'eau, la sauce soja, le vin ou le xérès et le sucre, portez à ébullition, couvrez et laissez mijoter 20 minutes jusqu'à ce que le poisson soit cuit. Servir chaud ou froid.

Poisson de soja à la sauce d'huîtres

pour 4 personnes

1 grosse perche ou poisson similaire

sel

60 ml/4 cuillères à soupe d'huile d'arachide

3 oignons verts (oignons), hachés

2 tranches de racine de gingembre, hachées

1 gousse d'ail, écrasée

45 ml/3 cuillères à soupe de sauce aux huîtres

30 ml/2 cuillères à soupe de sauce soja

5 ml/1 cuillère à café de sucre

250 ml/8 oz/1 tasse de bouillon de poisson

Nettoyez et écailler le poisson et incisez-le plusieurs fois en diagonale de chaque côté. Saupoudrer de sel et laisser reposer 10 minutes. Faites chauffer la majeure partie de l'huile et faites frire le poisson jusqu'à ce qu'il soit doré des deux côtés, en le retournant une fois. Pendant ce temps, faites chauffer le reste de l'huile dans une poêle séparée et faites revenir les oignons verts, le gingembre et l'ail jusqu'à ce qu'ils soient légèrement dorés. Ajoutez la sauce d'huîtres, la sauce soja et le sucre et laissez mijoter 1 minute. Ajouter le bouillon et porter à ébullition.

Versez le mélange dans le poisson rouge, ramenez à ébullition, couvrez et laissez mijoter env.

15 minutes jusqu'à ce que le poisson soit cuit, en le retournant une à deux fois pendant la cuisson.

bar cuit à la vapeur

pour 4 personnes

1 grosse perche ou poisson similaire
2,25 l / 4 pintes / 10 tasses d'eau
3 tranches de racine de gingembre hachées
15 ml/1 cuillère à soupe de sel
15 ml / 1 cuillère à soupe de vin de riz ou de xérès sec
30 ml/2 cuillères à soupe d'huile d'arachide (cacahuètes)

Nettoyez et retirez les écailles du poisson et marquez plusieurs fois les deux côtés en diagonale. Portez l'eau à ébullition dans une grande casserole et ajoutez le reste des ingrédients. Placer le poisson dans l'eau, couvrir hermétiquement, éteindre le feu et laisser reposer 30 minutes jusqu'à ce que le poisson soit cuit.

Poisson bouilli aux champignons

pour 4 personnes

4 champignons chinois séchés

1 grosse carpe ou poisson similaire

sel

45 ml/3 cuillères à soupe d'huile d'arachide

2 oignons verts (oignons), hachés

1 tranche de racine de gingembre, hachée

3 gousses d'ail, émincées

4 oz/100 g de pousses de bambou, coupées en lanières

250 ml/8 oz/1 tasse de bouillon de poisson

30 ml/2 cuillères à soupe de sauce soja

15 ml / 1 cuillère à soupe de vin de riz ou de xérès sec

2,5 ml/¬Ω cuillère à café de sucre

Faites tremper les champignons dans de l'eau tiède pendant 30 minutes, puis égouttez-les. Jetez les tiges et coupez les sommets. Ajoutez le poisson plusieurs fois en diagonale des deux côtés, saupoudrez de sel et laissez reposer 10 minutes. Faites chauffer l'huile et faites frire le poisson jusqu'à ce qu'il soit légèrement doré des deux côtés. Ajouter les oignons nouveaux, le gingembre et l'ail et faire revenir pendant 2 minutes. Ajouter le reste des ingrédients, porter à ébullition, couvrir

et laisser mijoter 15 minutes jusqu'à ce que le poisson soit cuit, en le retournant une ou deux fois et en remuant de temps en temps.

Poisson aigre-doux

pour 4 personnes

1 grosse perche ou poisson similaire

1 œuf battu

2 oz/50 g de semoule de maïs (amidon de maïs)

Huile de friture

Pour la sauce:

15 ml/1 cuillère à soupe d'huile d'arachide

1 poivron vert, coupé en lanières

4 oz/100 g de morceaux d'ananas en conserve au sirop

1 oignon, coupé en quartiers

100 g/4 oz/¬Ω tasse de cassonade

60 ml/4 cuillères à soupe de bouillon de poulet

60 ml/4 cuillères à soupe de vinaigre de vin

15 ml/1 cuillère à soupe de purée de tomates (pâte)

15 ml/1 cuillère à soupe de farine de maïs (amidon de maïs)

15 ml/1 cuillère à soupe de sauce soja

3 oignons verts (oignons), hachés

Nettoyez le poisson et retirez les nageoires et la tête si vous préférez. On le passe dans l'œuf battu puis dans la farine de maïs. Faites chauffer l'huile et faites frire le poisson jusqu'à ce qu'il soit cuit. Bien égoutter et réserver au chaud.

Pour faire la sauce, faites chauffer l'huile et faites revenir le poivron, l'ananas égoutté et l'oignon pendant 4 minutes. Ajouter 2 cuillères à soupe/30 ml de sirop d'ananas, le sucre, le bouillon, le vinaigre de vin, la purée de tomates, l'huile et la sauce soja et porter à ébullition en remuant. Cuire à feu doux en remuant jusqu'à ce que la sauce s'éclaircisse et épaississe. Verser sur le poisson et servir parsemé de ciboulette.

Poisson farci au porc

pour 4 personnes

1 grosse carpe ou poisson similaire

sel

100 g/4 oz de porc haché (haché)

1 oignon nouveau (oignon vert), haché

4 tranches de racine de gingembre, hachées

15 ml/1 cuillère à soupe de farine de maïs (amidon de maïs)

60 ml/4 cuillères à soupe de sauce soja

15 ml / 1 cuillère à soupe de vin de riz ou de xérès sec

5 ml/1 cuillère à café de sucre

75 ml/5 cuillères à soupe d'huile d'arachide (cacahuètes)

2 gousses d'ail, hachées

1 oignon, tranché

300 ml/¬Ω pour/1¬° tasse d'eau

Nettoyez et lavez le poisson et saupoudrez de sel. Mélangez le porc, l'oignon nouveau, un peu de gingembre, la fécule de maïs, 15 ml/1 cuillère à soupe de sauce soja, le vin ou le xérès et le sucre et utilisez pour farcir le poisson. Faites chauffer l'huile et faites frire le poisson jusqu'à ce qu'il soit légèrement doré des deux côtés, puis retirez-le de la poêle et égouttez la majeure partie de l'huile. Ajoutez le reste de l'ail et du gingembre et faites revenir jusqu'à ce qu'ils soient légèrement dorés.

Ajouter le reste de sauce soja et l'eau, porter à ébullition et laisser bouillir 2 minutes. Remettez le poisson dans la poêle, couvrez et laissez mijoter jusqu'à ce que le poisson soit bien cuit, environ 30 minutes, en le retournant une ou deux fois.

carpe bouillie assaisonnée

pour 4 personnes

1 grosse carpe ou poisson similaire
150 ml/¬° pt/ ¬Ω tasse généreuse d'huile d'arachide
15 ml/1 cuillère de sucre
2 gousses d'ail, hachées finement
4 oz/100 g de pousses de bambou, tranchées
150 ml/¬° pour/¬Ω une généreuse tasse de soupe de poisson
15 ml / 1 cuillère à soupe de vin de riz ou de xérès sec
15 ml/1 cuillère à soupe de sauce soja
2 oignons verts (oignons), hachés
1 tranche de racine de gingembre, hachée
15 ml/1 cuillère à soupe de vinaigre de vin sel

Nettoyez et écailles le poisson et laissez-le tremper plusieurs heures dans l'eau froide. Égoutter et sécher, puis entailler plusieurs fois chaque côté. Faites chauffer l'huile et faites frire le poisson des deux côtés jusqu'à ce qu'il soit ferme. Retirer de la poêle, verser et réserver tout sauf 2 cuillères à soupe/30 ml d'huile. Ajoutez le sucre dans la casserole et remuez jusqu'à ce qu'il devienne noir. Ajoutez l'ail et les pousses de bambou et mélangez bien. Ajoutez le reste des ingrédients, portez à ébullition, puis remettez le poisson dans la poêle, couvrez et laissez mijoter environ 15 minutes jusqu'à ce que le poisson soit bien cuit.

Disposez le poisson sur une assiette de service chaude et versez dessus la sauce.

Veau à la sauce d'huîtres

pour 4 personnes

15 ml/1 cuillère à soupe d'huile d'arachide

2 gousses d'ail, hachées

1 lb/450 g de bifteck de surlonge, tranché

100 g de champignons

15 ml / 1 cuillère à soupe de vin de riz ou de xérès sec

150 ml/¬° pour/ ¬Ω tasse généreuse de soupe au poulet

30 ml/2 cuillères à soupe de sauce aux huîtres

5 ml/1 cuillère à café de cassonade

sel et poivre fraîchement moulu

4 oignons nouveaux (oignons verts), tranchés

15 ml/1 cuillère à soupe de farine de maïs (amidon de maïs)

Faites chauffer l'huile et faites revenir l'ail jusqu'à ce qu'il devienne légèrement doré. Ajouter le steak et les champignons et faire revenir jusqu'à ce qu'ils soient légèrement dorés. Ajoutez du vin ou du xérès et faites sauter pendant 2 minutes. Ajouter le bouillon, la sauce aux huîtres et le sucre, saler et poivrer. Porter à ébullition et cuire 4 minutes en remuant de temps en temps. Ajoutez la ciboulette. Mélangez la semoule de maïs avec un peu d'eau et mélangez-la dans la casserole. Cuire à feu doux en remuant jusqu'à ce que la sauce s'éclaircisse et épaississe.

www.ingramcontent.com/pod-product-compliance
Lightning Source LLC
Chambersburg PA
CBHW070405120526
44590CB00014B/1263